Johannes Meinhold

Die Jesajaerzählungen - Jesaja 36-39

eine historisch-kritische Untersuchung

Johannes Meinhold

Die Jesajaerzählungen - Jesaja 36-39
eine historisch-kritische Untersuchung

ISBN/EAN: 9783743632547

Hergestellt in Europa, USA, Kanada, Australien, Japan

Cover: Foto ©ninafisch / pixelio.de

Weitere Bücher finden Sie auf **www.hansebooks.com**

Die Jesajaerzählungen

Jesaja 36—39.

Eine historisch-kritische Untersuchung

von

Lic. J. Meinhold
a. o. Professor der Theologie in Bonn.

Göttingen
Vandenhoeck und Ruprecht
1898.

Das Recht der Übersetzung wird vorbehalten.

Univ.-Buchdruckerei von E. A. Huth, Göttingen.

Vorwort.

Die nachfolgenden Untersuchungen geben den Anfang meiner Jesaja-Studien. Sie erscheinen für sich, weil sie ein Ganzes für sich bilden; und sie erscheinen zuerst, weil ich eine scharfe kritische Behandlung dieser Capitel trotz aller bisher erschienenen Arbeiten für wünschenswert halte, und weil das Urteil über die Geschichtlichkeit oder Ungeschichtlichkeit der in Jes. 36—39 = II Kön. 18_{13}—20_{19} gebotenen Nachrichten für das Verständnis des Propheten Jesaja, seines Werkes und seines Lebens von einschneidender Bedeutung ist.

Im übrigen mögen meine Ausführungen für sich selbst sprechen. Ich bemerke nur noch, dass die auf den ersten Blick verwunderliche Anordnung der Art, dass zuerst Jes. 38—39, darnach 37_9ff. und endlich II Kön. 18_{13}—16 wie Jes. 36_2—37_8 zur Behandlung kommen, in der Sache selbst ihre Begründung hat.

Ich hoffe, dass es mir bald möglich sein wird, dieser ersten Arbeit weitere über des grossen Propheten Leben und Wirken wie über die mit seinem Namen verknüpften Schriften folgen zu lassen.

Bonn, den 1. Oct. 1898.

Der Verfasser.

Inhalt.

	Seite.
Vorbemerkungen betreffend die verschiedene Beurteilung von Jes. 36—39	1—4
1) Jes. 38—39	5—22
a) der Text	5—9
b) die kritische Besprechung, den geschichtlichen Wert und die Abfassungszeit von Jes. 38 f. betreffend	10—22
2) Jes. 37 9b—36 = II Kön. 19 9b—35	22—57
a) der Text	23—26
b) die Bedeutung und Herkunft des Berichts	27—57
3) II Kön. 18 13—16	57—65
a) der Text	57—59
b) die Zeit und Bedeutung des Berichts	60—65
4) Jes. 36 2ff. = II Kön. 18 17ff.	65—83
a) der Text	65—73
b) die Kritik des Berichts	74—83
5) Jes. 37 22—29 = II Kön. 19 21—28	84—90
a) der Text	84—86
b) Bedeutung und Entstehungszeit des Liedes	87—90
6) Die assyrischen Berichte	91—104

Abkürzungen:

Z. A. T.	= Zeitschrift für alttestamentliche Wissenschaft von Stade
Z. A.	= Zeitschrift für Assyriologie von Bezold
St. Kr.	= Studien und Kritiken
W. Z. K. d. M.	= Wiener Zeitschrift für Kunde des Morgenlandes
KAT.²	= Schrader, die Keilinschriften und das Alte Testament, 2te Aufl. 1883
K. J. B.	= Keilinschriftliche Bibliothek hrsg. von Schrader. 1889 ff.
I—V. R.	= B. I—V von Rawlinson, the cuneiform inscriptions in Western Asia
H.	= hebräischer Text
Gr.	= griechischer Text
f.	= fehlt

Berichtigungen:

Siehe Seite 104.

Der Abschnitt Jes. 36—39 = II Kön. 18₁₃—20₁₉ hat von jeher die besondere Aufmerksamkeit der Forscher erregt, welche sich mit der Zeit und Persönlichkeit des Propheten Jesaja eingehender beschäftigten. Das ist sehr natürlich. Liegt hier doch der seltene Fall vor, dass zu den Reden eines »Schriftpropheten« wertvolle geschichtliche Ergänzungen geboten werden, die es zu gestatten scheinen, ein genaues Bild von einem grossen Propheten des Volkes Israel, sowie von seiner Stellung inmitten der Volksgenossen und seiner politischen Wirksamkeit während einer der wichtigsten Zeitpuncte der ganzen israelitischen Geschichte zu entwerfen. Nur die geschichtlichen Abschnitte im Jeremiabuche versetzen den Forscher in gleich günstige Lage, während II Kön. 14₂₅ ebenso wenig als Ergänzung zum Buche Jona wie Esra 5₁ zu den Schriften des Haggai und Sacharja gelten kann. Die Thatsache, dass die Jesajaerzählungen Aufnahme in das officielle Geschichtsbuch der jüdischen Gemeinde gefunden haben, gaben ihnen auch vor den Jeremijageschichten noch besondere Bedeutung. Dazu kam, dass man dem Chronisten (II Chr. 32₃₂) folgend, Jesaja selbst für den Verfasser dieser Abschnitte hielt [1]).

---

[1]) Dass der Chronist Jesaja selbst für den Verfasser jener Erzählungen hielt, geht allerdings nicht mit Sicherheit aus II Chr. 32₃₂ hervor, mag man nun dem massorethischen Text folgend übersetzen: »die übrige Geschichte Hizḳijahus und seine frommen Thaten siehe sie sind geschrieben im Gesicht des Propheten Jesajahu des Sohnes Amoṣ im Buche der Könige von Juda und Israel« (s. Oettli, die geschichtlichen Hagiographen 1889 S. 137), oder aber mit dem Gr. u. Chald. כל — ; »und im Königsbuch« lesen (so schon Vitringa). Mir scheint der Gr. Recht zu haben. Denn mag der Ausdruck חזון noch so weit gefasst werden, schwerlich kann er auf geschichtliche Erzählungen wie II Kön. 18₁₃ff.

Vitringa sagt in seinem commentarius in Prophetiarium Jesaiae vom Jahre 1732, dass seines Wissens bisher noch niemand an der jesajanischen Abfassung dieser Capitel gezweifelt habe. (S. 305.) Er selbst neigt zuerst der Meinung zu, als ob II Kön. 18₁₃—20₁₉ den abgekürzten Text eines längeren von Jesaja selbst verfassten Berichts bietet. Von dem Königsbuch sei dieser dann in etwas veränderter, meist abgekürzter Form zur Bequemlichkeit der Leser, die so in ihrer Jesajarolle gleich die geschichtliche Zeit aus den Blättern des Königsbuchs aufgeschrieben fanden, dem Jesajabuch angehängt worden. Schliesslich aber entscheidet Vitringa umgekehrt (S. 307). Jes. 36—39 ist der ursprünglich jesajanische Text. Der exilische Verfasser des Königsbuches hat denselben seinem Werke einverleibt und ihn nach seinem Gutdünken erweitert oder auch, was seltener ist, verkürzt. — Jetzt kann man im Gegensatz von Vitringa sagen, dass nur wenige noch Jesaja für den Verfasser von Jes. 36—39 halten. Delitzsch glaubte das in seinem Jesajacommentar [1]) noch verteidigen zu können, desgleichen Himpel [2]). Orelli scheint jesajanische Abkunft möglich [3]), jedenfalls tritt er dafür ein, dass nur ein Prophet diese Capitel könne verfasst haben. Dagegen

Anwendung finden. Auch würde man bei Annahme des M. T. ungern ein אשר vor על כן vermissen. Damit erledigt sich die Behauptung von Duhm (Das Buch Jesaja, Göttingen 1892 S. III), dass der Chronist II Kön. 18₁₄ff. noch nicht bei Jesaja fand, da er sonst ohne Zweifel nur Jesaja citiert haben würde, um so des ihm lästigen Hinweises auf die Bücher Samuel und Könige überhoben zu sein. Vielmehr bedeutet חזון ישעיהו ebenso ein Buch wie ‖ ספר מלכי וגו. Der Chronist hat wie wir (Jes. 1 1) ein Buch חזון ישעיהו בן אמוץ gekannt. Zu diesem Buche gehörten schon Jes. 36—39. Ob allerdings das Jesajabuch des Chronisten dem unseren glich, geht hieraus nicht hervor; immerhin liegt (wenigstens in Bezug auf Jes. 1—39) die bejahende Annahme doch wohl nahe. Die auch von Duhm geteilte Meinung, dass der Chronist Jesaja für den Autor des Abschnittes gehalten hat, geht darauf zurück, dass er überhaupt gern Propheten als Verfasser ihrer zeitgenössischen Geschichte annimmt (I Chr. 29₂₉. II Chr. 9₂₉. 12₁₅. 13₂₂. 20₃₄), und so auch die Aufzeichnung der Ereignisse unter Uzzijahu (II Chr. 26₂₂) dem Jesaja zuweist, und dass, wenn er C. 36—39 schon bei Jesaja fand (Graec.), er sie dann natürlich für jesajanisch hielt.

[1]) 3te Aufl. 1879 S. 367. [2]) Theol. Quartalschrift 1883 S. 592ff.
[3]) Jesaja und Jeremia 1te Aufl. 1887 S. 117 vgl. auch Martin la campagne de Sennakhérib, Montauban 1892 S. 56f.

geben selbst Bredenkamp[1]) und Strack[2]) diese Meinung auf. Falls nun die jesajanische, ja zeitgenössische Abfassung dieser Capitel sich als unhaltbar erweisen liesse, so bliebe immer noch die Frage nach ihrem historischen Werth, nach etwaigen jesajanischen Bestandteilen (besonders hinsichtlich der Reden des Propheten Jes. 37 6f. 37 21b—35. 38 5—8. 39 3. 5—8) vollkommen offen. Sind die Erzählungen, wenn auch später, so doch getreu? Sind wenigstens die Hauptangaben zutreffend, selbst wenn auch sagenhafte Zuthaten anzunehmen sein mögen? Sind jene Reden wirklich jesajanisch, oder hat ein späterer Schriftsteller etwa nach Weise des Livius für die betreffende Zeit und die Umstände passende Reden verfertigt und dann seinen Helden in den Mund gelegt, wobei er sich mancher Redewendungen bediente, welche ihm als jesajanisch bekannt waren? Die Antwort auf diese Fragen lautet sehr verschieden. Während eine Reihe von Gelehrten den Erzählungen guten historischen Grund nachsagen, so Dillmann[3]), Kuenen[4]) u. a. m., nennt Stade[5]) sie in einem einschlagenden Aufsatz durchaus legendarisch, ja Hackmann hat im Verfolg einiger schon Sörensen[6]) aufgestiegener Zweifel scharf im Gegensatz zu dem, was den eigentlichen Nerv unserer Erzählung ausmacht, nicht ohne Beifall die Behauptung aufgestellt, dass es Jesaja garnicht eingefallen sei, die Unversehrbarkeit Jerusalems gegenüber dem Assyrer auszusprechen. Das Dogma von der Unverletzlichkeit der judäischen Hauptstadt stamme ganz wo anders her. Der grosse Prophet habe stets an seinem Vernichtungsurtheil über Juda und Jerusalem festgehalten[7]). Ebenso lautet das Urtheil über die Reden verschieden. Im Gegensatz zu Gesenius[8]) und Hitzig[9]), die an der Echtheit der Rede Jes. 37 22—35 festhalten; zu Ewald[10], welcher der Ansicht ist, dass dieser Abschnitt eine von einem Zuhörer aufgeschriebene Rede des Jesaja bietet und zu Dillmann[11]), der hier jesajanisches Gut findet, wie

---

[1]) Der Proph. Jesaja 1887 S. 223. [2]) Einleitung⁴ S. 81.
[3]) Jesaja 1890⁵. 1898⁶ zu Jes. 36—39.
[4]) Einleitung § 25, 17. [5]) Z. a. t. W. VI. 179.
[6]) Juda und die assyrische Weltmacht 1885 S. 13.
[7]) Die Zukunftserwartung des Jesaja 1893 S. 171f.
[8]) Jesaja 1821. 935f. [9]) Der Prophet Jesaja 1833 S. 427.
[10]) Die Propheten I². 1867 S. 476.
[11]) Jesaja ⁵. S. 311. ⁶. S. 310.

auch zu Klostermann ¹), der in Jes. 37 22—29 ein jesajanisches Gedicht erkennt, haben Andere (so Stade ²) a. a. O. S. 179, Duhm ³), Cheyne ⁴)) nicht blos die Rede, sondern auch das in ihr enthaltene Gedicht als späteres Machwerk angesprochen. Der Abschnitt kann dann nicht zur Ergänzung des aus den jesajanischen Reden gewonnenen Bildes ausgenutzt werden. — Reizt schon diese Verschiedenheit der Anschauungen zu wiederholtem Versuch, die Capitel noch einmal nach ihrem geschichtlichen Werth, nach ihrem jesajanischen Gehalt zu befragen, so kommt noch etwas Anderes hinzu, was ihnen hervorragende Bedeutung verleiht. Es liegt die Annahme doch sehr nahe, dass wie die Erzählungen über Elia, wie die Elisaanekdoten einer besonderen Prophetenschrift entnommen sind, so auch hier Teile eines Prophetenbuches »Jesaja« vorliegen. Vielleicht kommen auch verschiedene Prophetenbücher in Frage. Sollten aus einer solchen Biographie auch Jes. 7 1—17 u. C. 20 stammen? Brückner ⁵) versucht sogar die Behauptung zu verfechten, dass nicht blos 28—33, sondern auch 7—8 18. 20. 22 als Sprüche und Abschnitte zu gelten haben, die aus grösserem geschichtlichen Zusammenhange, aus einem Jesajabuch entnommen sind. Dürften, wenn das sich als zutreffend erweisen würde, unsere Teile als diesem Buche entnommen gedacht werden? Sollte demnach unser Abschnitt zu dem Räthsel des Jesajabuches etwas Licht spenden können? Wenn selbst nichts von den hier mitgeteilten Reden jesajanisch ist, so hat doch der betreffende Verfasser jedesmal jesajanisch schreiben wollen. Was hielt er für jesajanisch, welche Reden setzt er etwa als jesajanisch voraus? Können wir die Zeit der Verfasser genau bestimmen und somit für eine Reihe von Reden im Jesajabuch dadurch eine feste zeitliche Grenze aufzeigen? Und ferner, haben etwa solche im Stil des Jesaja von Späteren geschriebene Reden als jesajanisch Eingang in unser Jesajabuch gefunden?

Vielleicht dass es der nachfolgenden Untersuchung gelingt, auf solche Fragen hier und da eine Antwort zu geben. —

---

¹) Die Bücher Samuelis und Könige 1887 S. 465.
²) a. a. O. S. 179.   ³) a. a. O. S. 246.
⁴) Introduction to the book of Jesaja London 1895 S. 221 f.
⁵) Jesaja 28—33, ein Reconstructionsversuch 1897.

I. II Kön. 20, 1—19 = Jes. 38 f.

Die Untersuchung setzt ein bei II Kön. 20₁—19 = Jes. 38₁—39₈. Bekanntlich ist es um den Text des Abschnittes nicht günstig bestellt. Die Textgestalt ist aber für die sachliche Kritik gerade hier nicht ohne Bedeutung; darum wird es nötig sein, mit der Textherstellung zu beginnen. Dabei soll die textkritische und sachliche Begründung der von mir für wahrscheinlich gehaltenen ersten Textgestalt, so weit es unerlässlich ist, in Fussnoten gegeben werden unter genauer Buchung der in Kön. H und Gr. wie Jes. H und Gr. vorliegenden Abweichungen. Zugleich bemerke ich, dass Jes. H und Kön. H den hebräischen, Jes. Gr. und Kön. Gr. den griechischen Text in Jesaja und Könige bedeutet. S ist der Syrer. Gr. L. die Ausgabe der Lucianischen Uebersetzung durch de Lagarde 1883.

¹ בימים* ההם חלה חזקיהו למות ויבא אליו ישעיהו בן אמוץ
הנביא ויאמר אליו כה אמר יהוה צו לביתך כי מת אחה ולא
תחיה: ²ויסב* את פניו אל הקיר ויתפלל אל יהוה: ³ויאמר אנא
יהוה זכר נא את אשר התהלכתי לפניך באמת ולבב° שלם והטוב
בעיניך עשיתי ויבך חזקיהו בכי גדול: ⁴ויהי ישעיהו לא יצא החצר*
התיכנה° ודבר יהוה היה אליו לאמר: ⁵שוב* ואמרת אל חזקיהו
נגיד עמי* כה אמר יהוה אלהי אביך דוד שמעתי את תפלתך
ראיתי את דמעתך הנני רפא לך ביום השלישי תעלה בית יהוה*:

---

1. a. Jes. Gr. ויחל — ויהי. | 2. b. Kön. Gr., Jes. H und Gr. geben noch חזקיהו, verdeutlichender Zusatz. את fehlt Jes. | 3. c. Jes.: לב; aber gerade לבב ist in dieser Redensart gebräuchlich: Deut. 10₁₂. I Kön. 2 4. 36. 11 4. 14 8. 15 3. II Kön. 10 31. Uebrg. hat Kön. לאמר st. ויאמר. | 4. d. so Kere (Jon. דרתא), Kethib in Kön. irrig העיר. e. in Jes. H und Gr. lautet V. 4: ויהי דבר יהוה אל ישעיהו לאמר; das ist deutlich Verkürzung. | 5. f. Jes. H u. Gr. הלוך, eine durch die Kürzung von V. 4 gebotene Aenderung von שוב. Natürl. שוב hier = kehre zurück, nicht (Vitringa): iterum dic. g. נגיד עמי: fehlt Jes. H u. Gr., Kürzung. h. || יי — הנני fehlt Jes. H u. Gr.; gewiss Kürzung, denn zuerst erwartet man die Verheissung der Genesung, dann erst die der Verlängerung des Lebens auf 15 Jahre. | 6. i. Jes. H u. Gr. הִנְנִי יֹסֵף (die Punctation יֹסֵף ist ebenso falsch wie in 29 14 u. wie הִנְנִי יָסַד st. יֹסֵף Jes. 28 16), eine durch Streichung des הנני u. s. w. notwendig gemachte Abänderung. k. Das Königs-

⁶וְהֹסַפְתִּיⁱ עַל יָמֶיךָ חֲמֵשׁ עֶשְׂרֵה שָׁנָהᵏ : ⁷וַיֹּאמֶר חִזְקִיָּהוּᵐ מָה הָאוֹתⁿ

buch (H u. Gr.) bietet hier noch folgende Worte: ומכף מלך אשור אצילך
ואת העיר הזאת וגנותי על העיר הזאת למעני ולמען דוד עבדי. Der Jesajatext (H
und Gr.) hat die 4 letzten Worte gestrichen. Ich halte mit Duhm 6b
für einen Einschub in den ursprünglichen Text, wenn auch nicht aus
den von Duhm angegebenen Gründen. Duhm meint (a. a. O. S. 253 f.),
die Verlängerung des Lebens um 15 Jahre würde schon von sich aus
die Gefahr, von den Assyrern geschunden zu werden beseitigt haben.
Also sei zunächst diese Ausführung unnötig. Aber die Unterwerfung
unter Assur hatte doch nicht notwendig den Tod des Hizkias zur Folge.
Weiter setze der mit dieser Erzählung untrennbar verbundene Bericht
von Merodachbaladan voraus, dass Hizkia eben nicht in Not war. Aber
unsere Kenntnis der Sachlage braucht der Erzähler nicht gehabt zu
haben. Mit keinem Wort verräth er, dass es sich vielleicht um An-
bahnung eines grossen vorderasiatischen Gesammtbundes gegen Assyrien
handelt. Er hätte ganz gut die Gesandtsch. in die Zeit der assyr. Not
setzen können. Entscheidend gegen die Ursprünglichkeit des Verses ist
vielmehr Folgendes: 1) Die Form von 6 b. Die Bemerkung macht einen
zusammengeflickten Eindruck; man müsste 2) ferner erwarten אצילך אותך
ואת העיר (vgl. auch Klosterm. a. a. O. S. 369). Das ‖ וגנותי על העיר וגו׳
ist eine höchst lästige und unpassende Wiederholung. Kl. will nur
מכף מלך אשור אצילך festhalten und denkt an die Befreiung vom assyrischen Joche, unter dem Hizkia ja im 14. Jahre, also etwa 714, litt (in
dieses Jahr soll nach Kl. der Abschnitt fallen). Aber abgesehen davon,
dass man neben der akuten Krankheit an eine akute Gefahr denken
muss, in der der König sich befindet und aus welcher dem König Befreiung verheissen wird, und nicht an eine allgemeine Verheissung der
Errettung für künftige Fälle der Bedrängung (Ges. Vitring.), kann der
Ausdruck wohl kaum so allgemein gedeutet werden. 6 b ist aus II Kön.
18 35 und 19 34 zusammengesetzt von jemand, der diese Erzählungen in
engste Beziehung zu den vorangehenden Berichten über Sanheribs An-
griffe setzen wollte. Die Bemerkung hinkt nach. Sie stünde besser
vor dem והוספתי. Endlich nimmt die Erzählung vom Zeichen nur Rücksicht auf die Krankheit, was unbegreiflich, wenn zugleich jene 2te Verheissung vorlag. Mit Streichung dieses Verses fällt aber jede Nötigung,
eine Umstellung von 38 f. u. 36 f. zu vollziehen, wie jetzt vielfach geschieht
(Klostermann, a. a. O. Orelli, a. a. O. S. 122. Strack, a. a. O. S. 89.
Auch Himpel, Theol. Quartalschrift 1883, 592 ff. u. A. A.). Vielleicht ist
die Krankheit des Hizkia als Pest zu denken. Sie würde dann etwa
vom Verf. mit der Pest der Assyrer (so manche) in ursächlichem Zusammenhang gedacht sein. Nach Jes. 37 36 = II Kön. 19 35 erscheint doch
die Pest wohl als etwas Plötzliches, bisher nicht Vorhandenes; also liegt
des Hizkias Krankheit nicht vor der Sanherib-Katastrophe. | V. 7. 1.
Nach Stade a. a. O. S. 183 ff. ist die Erzählung vom Zeichen ein

כִּי יְרַפֵּא יְהֹוָה לִי וְעָלִיתִי בַיּוֹם הַשְּׁלִישִׁי בֵּית יְהֹוָה: ⁸וַיֹּאמֶר יְשַׁעְיָהוּ

späterer Zusatz. Ihm schliessen sich an Duhm S. 254, Cheyne S. 213. Nach dem Bericht der Heilung (II Kön. 20 7) komme die Bitte um ein Zeichen und dessen Ankündigung post festum. Dies verdanke seinen Ursprung dem σημεῖα ζητεῖν der Juden und sei hier später hinzugethan. Der Redactor, welcher II Kön. 18 ff. dem Jesajabuch anhängte, fühlte das und liess V. 7 in Kön. fort. Ein Späterer hat den Vers dann in Jesaja nach II Kön. am Rande nachgetragen (Jes. 38 21), wie ja auch V. 22 als ein solcher Nachtrag von V. 8 in Kön., der seinerseits secundär ist, zu gelten hat. Man hat diesen Bedenken begegnen wollen, indem man V. 7 nicht als geschichtlichen Bericht, sondern als Befehl des Jesaja verstand; so schon die Punctatoren Jes. 38 21, so auch Klostermann, der II Kön. 20 8 liest: וַיִּקְחוּ וַיָּשִׂימוּ. Aber das ist unrichtig, weil dann der Bericht von der Thatsache der Heilung fehlte. Die Annahme liegt nahe, dass II Kön. 20 7 an falsche Stelle gerathen ist und ursprünglich dem Zeichen folgte (so Kamphausen in der Kautzschen Uebersetzung). Diese Annahme wird durch den Jesajatext empfohlen. Mit Recht liest Guthe (bei Kautzsch): וַיִּשָּׂאוּ ... וַיְמָרְחוּ ... וַיֶּחִי. Der Hizkiapsalm wurde wohl (vgl. V. 20 לְהוֹשִׁיעֵנִי) als Bittlied verstanden und darum vor dem Bericht der Heilung eingeschoben. Urspr. also war der 21te Vers in Jesaja V. 12. Dass V. 22 eine Randglosse aus II K. 20 8 ist, beweist nichts für dieselbe Ansicht von der Entstehung von V. 21, während ja allerdings zuzugeben ist, dass die Abweichungen V. 21 von II Kön. 20 7 (statt וַיִּקָּחוּ: וַיִּשָּׂאוּ und st. וְיָשִׂימוּ: וַיִמְרְחוּ) leicht den Eindruck einer gedächtnismässigen Citierung, also der ungenauen Randbemerkung eines Lesers, hervorrufen. Vor allem ist aber zu bemerken, dass dies Wunderzeichen so trefflich zur ganzen Tendenz und Haltung von C. 37 9bff.—39 (s. u.) passt, dass man immer wieder den Eindruck ursprünglicher Zugehörigkeit erhält. Man kann dagegen nicht geltend machen, dass das Zeichen als recht überflüssig erscheint, da Hizkia ja schon am 3ten Tage sich über die Wahrheit des prophetischen Wortes vergewissern konnte. Gerade das ist ja kennzeichnend für die Zeichensucherei der Juden und auch für den Geist dieser Abschnitte, dass die Zeichen und Wunder um ihrer selbst willen gegeben und gewünscht werden, ohne dass irgend eine tiefere Begründung versucht noch für erforderlich gehalten würde. m. Auch im Weiteren weicht der Jesajatext stark ab; es ist fraglich, ob absichtliche Kürzung oder Ursprüngliches vorliegt. Den ersten Text zu erschliessen, wird unmöglich sein. So ist die folgende Reconstruction auch nur als Versuch gemeint. V. 7 fehlt bei Jesaja, nach Stade und Kl. mit Recht. Aber ein Grund zu dieser Erweiterung in Kön., der zufolge die Anregung zum Zeichen dem Hizkia zufällt, ist nicht einzusehen. Dagegen war es leicht, ohne Schaden zu kürzen. Der Glossator von Jes. 38 22 las den Königstext. n. II K. irrig אָה, K. Gr. τὸ σημεῖον. Der Artikel ist unentbehrlich,

זה לך האות כי (אשר) יעשה יהוה הדבר° אשר דבר ישוב
הצל אחרנית עשר מעלות: ⁹ויקראᵖ ישעיהו הנביא אל יהוה וישב
את הצל במעלות אשר ירדה השמש אחרנית עשר מעלות:
¹⁰ויאמרᑫ ישעיהו קחו דבלת תאנים וימרחו וישימו על השחין ויחי:

und nur durch Versehen des Schreibers nach dem vorangehenden ה
ausgefallen. ‖ V. 8 o. Kön. hat noch hinter דבר: מעלות עשר הצל חלך
אם ישוב עשר מעלות: ויאמר חזקיהו נקל לצל לנטות עשר מעלות לא כי ישוב הצל אחרנית
עשר מעלות: Mit Recht l. Klost. nach Jon.: הֲיֵלֵךְ; es ist eine Doppel-
frage: soll der Schatten vorwärts oder rückwärts gehen? Aber dass
dem Könige hier noch die Bestimmung über die Art des Zeichens ge-
lassen wird, nachdem in dem זה לך האות das Zeichen schon so
eingeführt wird, dass man unmittelbar seine Bestimmung durch den
Propheten erwartet, ist ungehörig (Stade, Klost.). Hier hat Jes. das
Ursprüngliche. Es soll in Kön. das Zeichen in seiner Wunderbarkeit,
der Prophet in seiner absoluten Wundermacht noch stärker hervorgehoben werden. Weiter geht dann noch der Chronist (II Chron. 32₃₁),
der die babylonischen Herrscher ihre Gesandten (Jes. 39) zu dem Zweck
absenden lässt, dass sie Genaueres über dies Wunder erführen. Man hat das
glaublich gefunden und auf das Interesse der Babylonier für Astronomie
verwiesen (Vitringa, Gesenius, Himpel). ‖ V. 9. p. Hier geht der Text
in Jes. und Kön. sehr stark auseinander. Wohl liegt in dem הנני משיב
des Jesaja eine starke Kürzung vor. Die Worte ziehen 8 b—9 a unseres
Textes zusammen. Die Kürzung ist ungeschickt, insofern hier Jesaja
und nicht Jahve als der erscheint, der das שוב bewirkt. 10 b in Kön.
hat wohl den rechten Text (= 8 b oben). Jes. 8 hat Textwucherungen,
ist aus II Kön. 20₁₁b zurechtgemacht und zur Reconstruction von 11 b
zu benutzen. Ferner ergiebt sich aus Jes. 8 a, dass וחשב השמש in 8 b
irrig ist, es müsste nach 8 a וישב הצל heissen, denn um das Zurückgehen
des Schattens handelt es sich. Dagegen steckt in dem בשמש Jes. H 8 a.
(Gr. u. Jon. השמש) das Rechte (vielleicht noch in dem an falsche Stelle
8 b gekommenen השמש erhalten; das אשר ירדה בשמש 8 a u. 8 b אשר.. השמש
ירדה ist wohl nur einmal zu denken und zwar als: אשר ירדה השמש).
Auch II Kön. hat ירדה. Das kann nicht auf צל gehen; das Wort ist
masculinisch, wohl aber auf שמש, welches Wort communis generis ist
(fem. vgl. Gen. 15₁₇. Jer. 15₉. Keth. Duhm). Es ist aber auch möglich,
dass אשר ירדה השמש thatsächlich 2 mal dastand, nämlich 8 (II Kön. 20₁₀)
u. 9 (II Kön. 20₁₁) hinter מעלות. במעלות אחז ist nach Duhm gestrichen
als lästige Randerklärung. ‖ V. 10. q. In Jesaja steht hier der Dank-
oder vielleicht richtiger der Bittgesang des Hizkia. Er fehlt im Königsbuch, ist demnach spätere Zuthat. Von einer prophetischen Grund-
quelle, auf die Jesaja wie II Kön. zurückgehe, und aus der Jesaja
das Lied übernommen, II Kön. gestrichen habe (Orelli a. a. O. 125) darf
doch kaum geredet werden. Dies Lied mag vom Diaskeuasten aus
irgend einer Liedersammlung genommen sein. Es kann dort gut schon

Jes. 39 = II Kön. 19 12—19.

¹ בעת ההיא שלח מראדך־בלאדן בן בלאדן* מלך בבל
ספרים° ומנחה אל חזקיהו כי⁴ שמע כי חלה° ויחזק* : ⁵וישמח⁸
עליהם חזקיהו ויראם את כל* בית נכתה את הכסף ואת הזהב
ואת הבשמים ואת השמן הטוב ואת בית¹ כליו ואת אשר נמצא
באוצרתיו לא היה דבר אשר לא הראם חזקיהו בביתו ובכל
ממשלתו : ³ויבא ישעיהו הנביא אל המלך חזקיהו ויאמר אליו מה
אמרו האנשים האלה ומאין יבאו אליך ויאמר חזקיהו מארץ
רחקה באו אלי* מבבל* : ⁴ויאמר מה ראו בביתך ויאמר חזקיהו כל
אשר בביתי ראו לא היה דבר אשר לא הראיתים באוצרותי :
⁵ויאמר ישעיהו אל חזקיהו שמע דבר יהוה¹ : ⁶הנה ימים באים ᵐ
ונשא כל אשר בביתך ואשר אצרו אבותיך עד היום הזה בבלה
לא יותר דבר אמר יהוה : ⁷ומבניך אשר יצאו ממעיך ⁿ יקחו° והיו
סריסים בהיכל מלך בבל : ⁸ויאמר חזקיהו טוב דבר יהוה אשר
דברתᴾ :

---

als Lied des Hizkia bezeichnet gewesen sein, obwohl es sich in V. 20 deutlich als Gemeindelied giebt. Die Ueberschrift verdient nicht mehr Vertrauen als die in den Psalmen. Der Sprache nach scheint es spät zu sein (vgl. Stade a. a. O. S. 185. Duhm a. a. O. S. 254 ff. Cheyne a. a. O. S. 224 ff.).

1. a. Kön. H irrig בראדך. b. Wohl בַּלְאדן zu lesen. Ein Bel-iddina regierte in Babel etwa 1152—50. c. Plurale tantum wie 19 14? so auch I Kön. 21 8? vgl. zu 19 14. Jes. Gr. hat nach 19 14 auch hier מלאכים πρεσβεις neben den ספרים ἐπιστολαι. In der That muss man nach dem Suffix »er liess sie sehen« annehmen, dass die in V. 3 erwähnten אנשים, auch in V. 1 standen. Ist mit Duhm etwa סריסים st. ספרים zu lesen? d. Jes. H irrig וישמע (Jes. Gr., Kön. H u. Gr. כי). e. Kön. H, Gr., Jon. חזקיהו; verlesen; ein Name überflüssig, nötig dagegen ein ויחזק (Jes. H u. Gr.). f. Jes. Gr. εως θανατου = למות, Zusatz nach Jes. 38 1. | 2. g. Kön. H irrig וישמע. h. כל fehlt Jes.; Kön. nur שמן ohne Art. i. Jes. H u. Gr. Jonathan (Kön. u. Jesaja) haben כל בית. k. אלי fehlt irrtümlicher Weise in Kön. H gegen Kön. Gr. Jes. H und Gr. | 5. l. Jes. H und Gr. add. צבאות. | 6. m. add. Gr. Luc. נאם יהוה. n. so statt ממך nach Stade (a. a. O. S. 186) mit den meisten Neueren, ebenso str. mit ihm אשר תוליד. a. Kön. יקח, wohl nur graphisch verschieden; also wohl יִקָּח | 8. p. 8 b ist sehr wunderbar. Er lautet: שלום ואמת יהיה בימי: (Jes. כי =) ויאמר הלא אם. Ein 2tes ויאמר erwartet man nicht. Kl. will statt dessen etwa lesen ויאמן = es möge wahr werden vgl. I Kön. 1 36 und verweist auf Gr. R ἐστιν und Gr. Luc. γενέσθω; aber beide geben damit nur das יהיה wieder und streichen das lästige ויאמר. Der ganze Vers scheint eine Erklärung des טוב zu sein. Ein Leser will die Auffassung »gut« ab-

Kritische Besprechung.

Dass die CC. 38—39 demselben Verf. angehören, wird allgemein angenommen; gewiss mit Recht. Nichts spricht dagegen. Die Krankheit des Hizkia ist Voraussetzung für die C. 39 berichtete Gesandtschaft. Jesaja tritt in gleicher Weise mehr als ein übernatürlicher Magier denn als Prophet höheren Grades auf. Die Zeit dieses Verfassers muss nun von den berichteten Thatsachen recht fern liegen. Schon die Schilderung des Propheten selbst führt darauf. Er erscheint nicht als der grosse Volksredner, der zumeist nur durch das Mittel der prophetischen Rede wirken will. Wir sehen hier vielmehr eine Erscheinung vor uns, die uns mehr an die heidnischen Wundermänner und Wahrsager erinnert wie an die Propheten von der Grösse und geistigen Bedeutung eines Jesaja. Nicht blos das Zeichen an den מעלות, auch die Heilung des Königs durch den Propheten stützt diese Behauptung. Denn diese ist doch wohl etwas anders zu verstehen, als wie es gewöhnlich geschieht. Delitzsch [1]) meint, dass Jesaja, indem er die Auflegung einer erweichten Scheibe gepresster Feigen verordne, noch keine besonderen medicinischen Kenntnisse verrathe. Auch erwarte er von diesem Mittel noch keineswegs als Specificum die Heilung. Es solle nur fördern was Gottes ausgesprochener Wille ist. Dillmann [2]) findet es zwar bemerkenswerth, dass Jesaja die Rolle des Arztes vertritt. Eine weitere Bedeutung giebt er aber der Sache auch nicht. Mit der auf Gesenius zurückgehenden Bemerkung, dass der Gebrauch der Feige zur Erweichung der Geschwüre im Orient bis auf den heutigen Tag in Anwendung komme und mit dem Hinweis auf Plinius (23, 7 § 122) glaubt man die Sache erledigt. Das scheint mir nicht genügend. Das Leben des Königs ist verwirkt, wie der Prophet verkündigte. Gott, der durch seinen Propheten in Wort und That sich mächtig erweist, lässt sich durch des Königs Gebot umstimmen. Er will seinem Leben 15 Jahre zulegen. An diese

---

wehren; Hizkia meint, so bemerkt er: ich bin zufrieden, wenn ich nur selbst Ruhe habe. Das 2te ויאמר ist also nicht eine Fortsetzung des ersten, sondern eine genaue Parallele (vgl. Duhm). Gr. vatic. hat 8b nicht.

[1]) a. a. O. S. 391.   [2]) a. a. O.[5] S. 342. [6] S. 339.

Verheissung schliesst sich unmittelbar der Befehl, sich der Feige zu bedienen. Wenn dies Mittel ein so gebräuchliches und gewöhnliches war, da sollte man erst auf den Propheten gewartet haben, um es zu verwenden?! Es handelt sich ja doch um einen König, der von Ärzten nicht verlassen war. Wie die Anekdote (II Kön. 4 38—41) von der Schmackbarmachung eines verdorbenen Gerichts durch Elisa als eine Wunderthat des Elisa vom Erzähler aufgefasst und unter den anderen Wunderthaten dieses Propheten berichtet wird, ebenso erscheint hier Jesaja als ein Wunderthäter. Das Wunder der Heilung seines Königs, den Gott und Menschen aufgegeben haben, vollzieht er durch das Heilmittel der Feige. Ich möchte im Gegensatz zur hergebrachten Anschauung die Behandlung mit der Feige als etwas nicht Gewöhnliches ansehen. War das gewöhnlich, so war auch kein Wunder gewirkt, dann aber bedurfte man auch des Propheten zur Heilung nicht. Dass aber ein Wunder gemeint ist, ergiebt sich doch wohl auch daraus, dass **unmittelbar nach dem Gebrauch der Feige die Besserung eintritt** und der König schon am dritten Tage den Tempel betritt. Die Verwendung der Feige ist vielmehr dem Gebrauch der geheimnisvollen Heilkräuter und Säfte vergleichbar, die von erfahrenen Frauen und Männern des Volks angewandt wurden und werden, bevor sie von der Wissenschaft ihren Berechtigungsschein empfingen. Auch da war die Gottheit, in christlicher Zeit der Dämon, der Teufel im Spiel, der den Hexen und Zauberern die Mittel offenbart und gegeben. Dass aber die Feige in einem solchen Sinn gewerthet wurde, ist bei Rohde, Psyche [1]. S. 363 gut nachzulesen. Die Feigen sind 'inferum deorum et avertentium in tutela'. Macrob. Lat. 3 20. 23. Zeus gilt den Griechen als $συκάσιος$ d. i. $καθάρσιος$. Sie ist das beste $ἀλεξιφάρμακον$ Arist. bei Julian ep. 24. p. 505, 7 ff. Bevor man die Sündenböcke aus der Stadt jagte, wurden sie mit $κλάδαι$ der Feigen gepeitscht d. h. gereinigt. So erzählte man sich auch, dass der Feigenbaum als der Gottheit heilig nie vom Blitz versehrt würde. (Wie bei uns das Volk dies von der Buche behauptet.) Es ist vielleicht bemerkenswerth, dass auch den Indern die Feige (ficus indica und religiosa) als heiliger Baum galt. Der Prophet erscheint hier also als Wunder- und Medicinmann. Es ist irrig, dass die Feigen die von Gott gebrachte Heilung unterstützen sollen, sie bewirken sie vielmehr.

Wie die Totenerweckung durch Elia (I Kön. 17 17—24) und Elisa
(II Kön. 4 8. 37), so muss und soll hier die Heilung des Hizkia
als prophetische Wunderthat erzählt werden. Selbst wenn das
אות der אחז מעלות, dessen Erzählung ja in gleicher Weise den
Propheten als Wunderthäter vorführt, für eine spätere Zuthat zu
halten wäre, so stimmte demnach diese Zuthat doch durchaus mit
dem Charakter unseres Berichtes überein. — Tritt Jesaja hier als
Wunderthäter auf, so in Jes. 39 mehr als Wahrsager, wenngleich
auch diese Seite C. 38 nicht ganz fehlt. Jesaja weiss und sagt
es genau, dass Hizkia am dritten Tage gesund sein und den
Tempel besuchen werde. Gewiss gehört das Wahrsagen untrennbar
zum Amt des Propheten, und er ist sich bewusst als Gottes
Mittler ein übernatürliches, sich auch auf die Zukunft beziehendes
Wissen zu besitzen; aber seine Weissagungsthätigkeit unterscheidet
sich doch wesentlich von der äusserlichen, mechanischen Art ge-
wöhnlicher Mantik und Wahrsagerei. Wir haben C. 39 zunächst
den Eindruck, als ob Jesaja genau weiss, woher jene fremden
Gesandten seien und was der König mit ihnen angefangen habe.
Er fragt nur, um an der Antwort des Königs den Ausgangspunct
für seine Weissagung zu haben. Die Antwort selbst weiss von
einer Sünde des Königs nichts zu berichten. Denn dass er absichtlich auf die Frage מה אמרו וגו[1]) des Propheten geschwiegen
und nur die Herkunft der Boten und ihre Herumführung in den
Schatzhäusern berichtet habe, ist durch nichts angedeutet. Man
meint, dann hätte er dem Propheten von einem Bündnis mit
Babel gegen Assur und von der Absicht des Abfalls beichten
müssen. Das aber war, wie er wohl wusste, gegen des Propheten
Sinn, der ja, nachdem man nun einmal gegen seinen Willen
Assurs Joch auf sich genommen (Jes. 7), stets zum Ausharren
an diesem Bündnis ermahnte und Versuche der Empörung aufs
Schärfste strafte (C. 28—31). Um eine Zornrede zu vermeiden,
habe Hizkia davon überhaupt geschwiegen. Aber das heisst doch
zuviel zwischen den Zeilen lesen. Welch Israelit, der nicht bis
ins Einzelnste über die Wendungen der judäischen Geschichte
und Politik Bescheid wusste, konnte etwas der Art in diesen

---

[1]) Stade Z. A. T. a. a. O. 186 liest מי האנשים, denn die Folge ראו
— ובאו — אמרו — sei unpassend. Das אמרו könne nicht dem יבא voran-
gehen.

Worten sehen? Auch wir werden nur durch ausserisraelitische Quellen auf solche Vermuthung geführt.

Ist es überhaupt denkbar, dass Jesaja nicht mit flammendem Protest gegen diese falsche Politik und gar gegen den Versuch ihrer Verheimlichung aufgetreten wäre? Wer sich an Jes. 28 9ff. 29 15. 30 1ff. erinnert, wird das für ganz unmöglich halten. Da hätte er ja die beste sittliche Motivierung für seine Unheilsweissagung gehabt, die man jetzt vollkommen vermisst. Ist darnach diese Auskunft abzulehnen, so erscheint es recht verwunderlich, dass dem König, der von sich rühmen konnte, dass er in den ersten 14 Jahren seiner Regierung באמת ולבב שלם vor Gott gewandelt, stets das טוב בעיניו gethan habe, nun eine so schwere Strafe in Aussicht gestellt wird, weil er sich durch den Besuch der weither zur Beglückwünschung für ihn herbeigeeilten Gesandten gehoben fühlt und ihnen, wie das nicht selten geschah, seine Schätze zeigte. Jesaja steht hier in keinem günstigeren Licht da wie Elisa (II Kön. 13 18ff.), der dem israelitischen Könige zürnt, dass er nur dreimal mit dem Pfeil den Boden geschlagen und nicht fünf oder sechs Male; so werde er Aram auch nur 3 Male schlagen. Mit Recht betont Duhm den mechanischen Charakter der Weissagung. Von Babel kommen jene Leute und sahen des Königs Schätze. So sollen diese Kostbarkeiten gerade nach Babel entführt werden. Eunuchen waren die Boten aus Babel, die in Jerusalem erschienen. Als Eunuchen sollen des Königs Nachkommen in Babylonien leben. »Hier erkennt man aufs Deutlichste den jedes tieferen Motivs entbehrenden mechanischen Charakter der Weissagung; Jesaja tritt vielmehr als Kenner der omina, denn als Prophet auf, und der ganze Vorgang erinnert mehr an die heidnische als an die Jahvereligion« [1]).

Dass die Juden, welche nie ein Verständnis für ihre grossen Propheten gehabt haben, Jesaja sich mehr nach Weise eines heidnischen Wahrsagers und Wunderthäters dachten und darin gerade seine Grösse fanden, ist nicht verwunderlich; schwer zu verstehen aber ist es, wie man das Bild dieses Taumaturgen mit dem Bilde des aus seinen Reden uns bekannten Mannes hat vereinigen wollen. Wohl ist mit dem Selbstbewusstsein eines

---

[1]) Duhm a. a. O. S. 261.

Propheten die Gewissheit, dass Gott durch ihn Wunder thun, Verborgenes offenbaren könne, untrennbar verbunden. Aber diese seine Kraft ist doch seiner sittlichen Aufgabe unterstellt. Er thut nicht Wunder um der Wunder willen. So himmelhoch ein Elias über Elisa, so hoch steht der Jesaja von C. 1. 2. 3 u. s. w. über dem von C. 38—39. Dass man Jesaja diese Weissagung der Exilierung nach Babel (denn davon ist trotz Dillmann hier die Rede) in den Mund gelegt hat, ist ein Zeugnis für die mechanische Auffassung des Prophetismus im jüdischen Volk. Und wenn auch kritische Commentatoren dies, obgleich mit Einschränkungen, für möglich halten[1]), so beweist das doch nur, dass auch sie sich nicht genügend von jener Auffassungsweise gelöst haben. Man meint, es sei Weise der Propheten, dass sie gerade von Seiten des Staates, an welchen man sich durch ein Bündnis anschliessen wollte, Verderben kommend weissagten und beruft sich auf Jes. 7 18. Hos. 9 3. 11 5. Aber abgesehen davon, dass das durchaus nicht die Regel ist (vgl. dagegen Jes. 14 28ff. Jes. 18. Jes. 20. Jes. 30 1ff. 31 1ff.), wird hier vorausgesetzt, was eben erst zu beweisen wäre, nämlich dass es nach Meinung und Wissen des Verfassers sich wirklich um einen Bündnisantrag handelt. Aber selbst in dem Falle kann Jesaja etwas Derartiges garnicht gesagt haben. Ihm ist Assur die feindliche Weltmacht. Sie soll im heiligen Lande vernichtet werden (Jes. 14 24. Jes. 18). Mit diesem Gericht aber geht Hand in Hand die Herbeiführung der glücklichen Zukunft aus dem heiligen Reste, der im heiligen Lande verbleibt. Die Verbannung des Gesammtvolkes nach Babel und die Rückführung von dort kommt für ihn nicht in Betracht. Das können wir bis 701 verfolgen. Die Gesandtschaft und der Bündnisantrag lag aber früher. Denn Babel ist schon vor 701 unterworfen, Marduk-bal-iddina schon vor 701 verjagt worden. Die Art und Weise, wie Jesaja solche Bündnisanträge bekämpfte, war eine andere. Entweder er wies auf die Schwäche und Ohnmacht der Antragenden hin (Jes. 14 28ff. 30 1ff. 31 1ff.) und stellte somit ihnen selbst und den Judäern, wenn sie sich ihnen anschlossen, ein trauriges Loos in Aussicht (20 3ff. 31 3); oder er entlies sie mit ehrenden, höflichen Worten (Jes. 18) und

---

[2]) Gesenius, Hitzig z. d. St.

bemerkte, dass man ihrer Hilfe nicht bedürfe, da Jahve selbst für sein Volk auf den Plan treten werde. So würde man auch hier, falls Hizkias wirklich ein Bündnis abgeschlossen haben sollte, was er dem Propheten vergeblich zu verborgen suchte, erwarten, dass Jesaja die Strafe für Juda und Babel von Seiten Assurs geweissagt oder wenigstens die Nutzlosigkeit der Allianz behauptet haben würde, sofern Jahves Schutz für Judäa genüge. Es ist auch garnicht einzusehen, warum er grade Babel als Strafwerkzeug für Juda ins Auge gefasst haben sollte. Das lag seinem Gesichtskreise ganz fern. Babel hatte damals nicht mehr Bedeutung wie andere Feinde Assurs (z. B. die Armenier) und die Erfolge Sargons auch gegen diese Macht legten den Gedanken, dass Babel als Weltmacht einst die Erbschaft von Assur antreten werde garnicht so nahe. Noch Jeremia hat bekanntlich zuerst die Skythen als Strafruthe Gottes, welche er gegen Juda schwang, ins Auge gefasst, und die Reform des Josia wie die erste deuteronomische Redaction des Königsbuchs lebt noch der Meinung und Hoffnung, dass Judas Bestand Dauer haben werde. Erst nach der Niederlage und dem Tode des Josias zu Megiddo gab man diese Hoffnung auf. Und erst nach dem Fall Ninives (606) und nach der Schlacht von Karkemisch trat Babel als Weltmacht in den Gesichtskreis der Propheten. Also erst frühestens 606 konnte man sich erzählen Jesaja habe die babylonische Verbannung schon 100 Jahre vordem geweissagt. Doch wird man noch tiefer herabgehen müssen. Denn zur Zeit des Jeremias glaubte ja niemand dem Propheten, dass Juda dem Ansturm Babels erliegen, dass das Königshaus und die Schätze Jerusalems nach Babel wandern würden. Erst nach Eintritt dieser Thatsache hatte eine solche Erzählung Werth und Bedeutung. Da zeigte sie dem Volk den Zukunftsschauer Jesaja, den Wundermann im strahlendsten Licht. Jetzt war erfüllt, was er schon lange vorher gesagt. Demnach wäre 586 (frühestens 597 die Wegführung des Jojachin) der früheste Zeitpunct für die Entstehung unseres Abschnittes [1]). Zu

---

[1]) Darauf, dass Hizkia sagt: מארץ רחוקה u. s. w., da doch Babel zu seiner Zeit ein ganz bekanntes weder fremdes noch für den geographischen Gesichtskreis des damaligen Judäers so sehr fernes Land war, lege ich kein Gewicht. Man könnte nämlich daraus schliessen wollen, dass nur ein später Schriftsteller jener Zeit eine so falsche Vor-

dieser aus dem Inhalt entnommenen Erwägung kommen sprachliche Bemerkungen. Zwar dass ההלך 38₃ der späteren Sprache angehöre (Duhm) lässt sich angesichts Gen. 24₄₀. 48₁₅ nicht einmal hinsichtlich der religiösen Ausdrucksweise mit Recht behaupten. Dagegen ist es richtig, dass der Ausdruck הנה ימים באים, niemals bei Jesaja begegnet. Er bietet vielmehr eine bei Jeremia häufig vorkommende Redensart. Wir finden sie bei ihm 7₃₂. 9₂₄. 31₂₇. ₃₁. Der Ausdruck ward beliebt wie aus den wohl mit Recht angezweifelten Stellen Jeremia 19₆. 23₅. ₇. 30₃. 31₃₈. 33₁₄. 48₁₂. 49₂. 51₄₇. ₅₂ zu entnehmen ist [1]). Auch בית נכח (V. 2) gehört hierher. Mit Recht haben die Neueren die Beziehung zu נכאת, Tragakanthgummi (Aquil., Symm.) vgl. Gen. 37₂₅. 43₁₁ aufgegeben und nach dem Vorgange von Frd. Delitzsch [2]) נכת mit nakamtu, nakantu = Schatz im Assyr-Babylonischen zusammengebracht, indem man vermutet, dass wie mandâtu aus mandantu, so nakâtu aus nakantu geworden sein möge. bit nakamâti = bit niṣirti »Schatzhaus« findet sich beispielsweise 5 Raw. 5, 132. 134 wo Assurbanipal erzählt, dass er die Schatzhäuser (bit nankamâtišum) des elamitischen Königs zu Susa geöffnet habe auch Layard 34, 21 vgl. Delitzsch ass.-bab. Handwörterbuch z. d. Wort. Wir haben im Hebräischen dafür בית האוצר Mal. 3₁₀. Neh. 10₃₉. Dan. 1₂, oder auch einfach האוצר (vgl. Jos. 6₁₉. ₂₄). So redet denn auch der Chronist bei unserer Geschichte von איצרות (II Chr. 32₂₇), die Hizkia für sein Gold, Silber, Edelsteine und Gewürze eingerichtet habe. Wenn nun Jes. 39 unbedenklich בית נכת gebraucht wird, so erklärt sich das am besten aus der Rede eines Mannes dem dies Wort der geläufige und gebräuchliche Ausdruck für königliches Schatzhaus war, so dass

---

stellung von den geographischen Verhältnissen hätte beilegen können. Vielleicht ist das ארץ רחוקה nur im Sinne eitler Prahlerei gemeint. So rühmt sich z. B. Sargon, dass er Juda »dessen Lage fern sei« (ša ašaršu rûḳu) unterjocht habe. (Keilinschriftliche Bibliothek 1890 II. S. 36 f.)

[1]) Dass Amos 8₁₁. 9₁₃ הנה ימים באים steht, kann den gegen diese Stelle erhobenen Verdacht nur verstärken. Amos 4₂ kann nicht dagegen geltend gemacht werden. In dem 'ימים באים עליכם hat ימים eine andere Bedeutung; die Redensart ist da nicht einfache Einführungsformel einer Weissagung.

[2]) Prolegomena eines neuen hebräisch-aramäischen Lexicons 1886 S. 141.

er ihm am ersten auf die Lippen kam. Das dürfte wohl auf babylonischen Aufenthalt führen. Dort redete man eben einfach vom bit nakâti des Königs [1]). In vorexilischer Zeit wäre der Ausdruck jedenfalls verwunderlich, wie denn thatsächlich babylonisch-assyrische Lehnworte in vorexilischer Zeit nicht anders als bei Titeln uns entgegentreten [2]). — Zu gleichem Resultat führt nun ein Blick auf die stilistische Eigenart der Abschnitte Jes. 38—39. Es ist mit Recht schon längst die deuteronomische Klangfarbe der Schreibart hervorgehoben worden [3]). Zu V. 2: התהלכתי לפניך בלבב שלם stellen sich I Kön. 2 2ff. 3 6. 8 25. 11 4. 14 8. 15 3. II Kön. 10 31. 23 3. Dem הטוב בעיניך עשיתי steht als Gegensatz das so häufige ‖ עשה הרע בעיני יי, welches in den kurzen Charakterisierungen des Deuteronomikers so oft auftritt, zur Seite. (I Kön. 11 6. 14 22. 15 26. 34. 16 19. 25. 30. II Kön. 8 18. 27. 13 2. 14 24. 15 9. 18. 24. 28 u. s. w.) Auf das הסב פנים, zu dem Nowack I Kön. 8 14 heranzieht, lege ich kein Gewicht (vgl. I Kön. 21 4). Desgleichen fällt II Kön. 20 6b vgl. II Kön. 19 34. 18 33 für mich, weil spätere Zuthat, ausser Betracht. Vielleicht ist noch bei אלהי דוד V. 5 darauf hinzuweisen, dass nach der deuteronomischen Dar-

---

[1]) Der Beweis würde um so schlagender sein, wenn Haupt (Z. A. II. 266) mit der Ausführung recht hat, dass die Ableitung Delitzschs vom Sing. nakamti = nakanti = nakâti unzulässig, vielmehr babylonische Aussprache des im Assyrischen nakamâti lautenden Pluralis anzunehmen ist. Thatsächlich ist nakamtu = nakantu = nakâtu m. W. noch nicht belegt. Nur die Analogie mandantu = mandattu = mandâtu kann man anführen. Haupt erklärt es aus dem Pluralis: nakamâti = nakavâti. nakavâti wäre genau = נבות des hebr. Textes. Es wäre das babylonische (bab. v. = ass. m.) nakamâti. Uebrigens ist 5. R. 5, 132 ff. (K. J. B. II. S. 202 f) auch so eine interessante Parallele, vgl. z. B. »was frühere Könige ... gesammelt und hingelegt hatten ... was die früheren Könige von Elam in 7 Malen erbeutet und nach Elam gebracht hatten« u. s. w.

[2]) Die Behauptung, dass das vorexilische Hebräisch keine eigentlichen assyrischen und babylonischen Wörter enthält, würde auch zutreffen, wenn Ruben (society of Biblical Archaeologie May 1898) mit seinem Versuch, verschiedene dunkle Wörter bei Nahum mit Hilfe des assyrischen Wörterbuchs zu erklären recht hätte. Nahum soll sich nach ihm eines Dialekts bedient haben, welcher von einer vor den Thoren Ninives lebenden israelitischen Gemeinde gesprochen wurde.

[3]) Nowack, Stud. und Krit. 1881 S. 300 ff. Kuenen, Einleitung [2] § 25, 18. Strack, Einleitung [4] S. 81.

stellung Gott gerade um Davids willen Juda und seinem Königshause sonderlich gnädig ist (I Kön. 11 36. 15 4. II Kön. 8 19). Dem entspricht es, wenn betont wird, dass der Gott Davids des Hizkia Bittgebet erhört habe. Die Zusammenstellung dagegen von II Kön. 20 19 mit 22 20 (Nowack, Kuenen) kann bei der zweifelhaften Echtheit von 19 b nicht in die Wagschaale fallen. Diese deuteronomischen Wendungen lassen sich nun aber in keiner Weise aus dem Zusammenhange lösen, sodass wir etwa eine leicht ausscheidbare alte Quelle in deuteronomischer Durchsetzung vor uns hätten; vielmehr nimmt Gott ja gerade den Todesbeschluss auf das in deuteronomischen Worten gehaltene Gebet des Hizkias V. 2 zurück. Kurzum der Verfasser des Berichtes gehört der deuteronomischen Schule an. Der Schluss, den Redaktor des Königsbuches für den Verfasser der Abschnitte zu halten, liegt nahe genug. Daran denkt Nowack, Strack u. A. A.. Es käme dann aus den oben entwickelten Gründen erst die zweite, frühestens exilische Redaktion in Frage (D²). Doch genügt diese Auskunft nicht. Denn D² ist durchaus von der Meinung beherrscht, dass Gott um der Sünden Manasses willen die Vernichtung auch des Südreiches beschlossen habe (II Kön. 21 7—15. 23 26f. 24 2ff.). Dazu will schlecht genug passen, dass hier die eitle Prahlerei des Hizkia mit seinem Reichtum als Grund der Verbannung nach Babel angeführt wird. Hinzu kommt, dass der Widerspruch zwischen II Kön. 18 14—16 so deutlich zu Tage liegt, dass man schwerlich wird glauben können, derselbe Sammler habe 18 14—16 aufgenommen und II Kön. 20 1ff. selbst geschrieben. Und wenn auch 18 14—16 schon von D¹ aufgenommen ward, so wäre es immer sehr auffällig, dass D² dicht dahinter eine Geschichte schrieb, die sich damit garnicht verträgt. Anders lag die Sache, wenn sowohl 18 14—16 wie C. 20 1—19 schon vorlag und von D² nur aufgenommen wurde. Solche auffälligen, aus verschiedenen Quellen sich ergebenden Widersprüche kennt die alttestamentliche Kritik ja genügend. Dass aber hier wirklich schroffe Widersprüche vorliegen, sollte man nicht leugnen. Denn die Auskunft, Hizkia habe um seinen Schatz zu schonen, sich an einigen Tempelstücken vergriffen (Gesenius), entspricht gewiss nicht der Mitteilung II Kön. 18 14—18. Nach ihr hat Hizkia, um die Summe zu erhalten nicht blos seinen ganzen Schatz erschöpfen (wenigstens alles Silber aus seiner אוצרות

gab er fort V. 15), sondern sogar an Tempelschmuck und -schatz die Hand anlegen müssen. Und wenn man (Vitringa, Bredenk.) auf die von den fliehenden Assyrern sicher zurückgelassene reiche Beute (von der wir übrigens nichts hören) und auf die von allen Seiten dem Chronisten zufolge Hizkia dargebrachten Geschenke (II Chr. 32 23) aufmerksam macht, so genügt der Hinweis auf 39 6, wo von den durch die Väter bis auf Hizkia (אצרו אבותיך עד היום הזה) angesammelten Schätzen die Rede ist, um diese Auskunft als unmöglich darzuthun. Dieser Schwierigkeit würde man entgehen, wenn man das 14te Jahr des Hizkia (Jes. 36 1. II Kön. 18 13) als ursprünglich auf Jes. 38 f. II Kön. 20 1ff. bezüglich auffasste und eine Umstellung der Abschnitte II Kön. 18 13. 17ff. = Jes. 36—37 und II Kön. 20 1—19 = Jes. 38 f. annähme, wie das ja zumeist jetzt geschieht. Dann würde die Gesandtschaft des Marduk-bal-iddina vor die Tributzahlung fallen können, mag man dieselbe nun als dem Sargon gegeben [1]) und im Jahre 720 und 711 dargebracht annehmen, oder es bei der Zeit des Sanherib belassen. Nach den babylonischen und assyrischen Quellen tritt Marduk-bal-iddina II. uns als König von Babel in den Jahren 721—10 und 703—702 entgegen. Also muss seine Gesandtschaft vor 701 d. h. vor dem syrischen Zuge des Sanherib statt gehabt haben. — Aber diese scheinbar so günstige Lösung bringt doch nicht weiter. Sie verwechselt eben unsere Kenntnis der Sache mit dem, was der Verfasser von Jes. 38—39 wusste. Uns liegt die Tributsendung des Hizkias vor (II Kön. 18 14—16). Wir glauben diese Nachricht, wenn auch nicht durch die Lakisch-, so doch durch die Prismainschrift bestätigt [2]). Aber II Kön. 18 17ff. II Kön. 19 weiss doch augenscheinlich hiervon nichts. Ebenso wenig sind wir genötigt, das für II Kön. 20 = Jes. 38 f. anzunehmen. Der Verfasser konnte auch nach 700 den Hizkia den Gesandten Marduk-bal-iddinas seine Schatzkammern zeigen lassen, weil er von einer Entleerung derselben nichts wusste, noch auch so wie wir genau über die babylonische Regierungsdauer des Marduk-bal-iddina unterrichtet gewesen sein wird. Die Zahl 14 (II Kön. 18 13) aber kann ebenso

---

[1]) So Brandes, Abhandlungen zur Geschichte des Orients S. 76 ff. Kleinert, Studien und Kritiken 1877 S. 167 ff. Klostermann a. a. O. S. 458.

[2]) Vgl. m. Schr. Jesaja und seine Zeit, 1898 S. 12 f.

wenig für die Vorordnung von Cap. 20 in Anspruch genommen werden. Man meint, dass sie ursprünglich zu C. 20 gehört habe und fälschlich dem Sanheribzuge vorausgesetzt worden sei, der ja doch beträchtlich später falle. Aber sie gehört nicht zu den dem Redactor vorliegenden Angaben der Quelle, sondern ist auf dem Wege des Rückschlusses gewonnen. Die 15 Jahre des weiteren Lebens Hizkiä waren durch die Geschichte II Kön. 20 1ff. gegeben; so blieben für die vorangehende Zeit von den anderswoher überlieferten 29 Regierungsjahren des Hizkia nur 14 Jahre übrig [1]). Es lässt sich das deutlich genug ersehen aus II Kön. 18 1ff. Wir finden da eine chronologische Reihe. Im 4ten Jahre geschah das und das (V. 9), im 14ten Jahre geschah das und das (V. 14). Beides schrieb D². Ihm lag also schon II Kön. 20 als Quelle vor. Auf D² weist auch die Form בארבע עשרה שנה statt בשנת ארבע עשרה שנה (vgl. 22 3. 23 23 und König, Einleitung in das A. T. 1893 S. 264). Dieser Verfasser muss Grund gehabt haben, die Krankheit des Hizkia und die babylonische Gesandtschaft als gleichzeitig mit der Sanheribkatastrophe anzunehmen. Das aber erklärt sich am einfachsten, wenn er dies alles schon in inniger Verbindung in einer Quelle vorfand; erklärt sich, wenn er das בימים ההם und בעת ההיא II Kön. 20 1. 12 auf die Sanheribexpedition und nicht auf irgend etwas Anderes, nicht Genanntes (Duhm) beziehen musste. Dann aber folgte II Kön. 20 auf eine Erzählung über Sanherib, auf welche das בימים ההם ging und stand nicht vor ihr; also hat der Redactor nicht eine solche Umstellung vollzogen. Es drängt sich ja doch auch immer wieder die Vermuthung auf, als sei die Krankheit des Hizkia als eine pestartige zu verstehen und in Zusammenhang mit der Pest zu bringen, die nach C. 37 das assyrische Heer zum Rückzug zwang. Auch das wäre ein Grund mehr für die Annahme, dass die uns erhaltene Reihenfolge die vom ursprünglichen Verfasser gewollte und gegebene ist. Es ist auch gar kein Grund vorhanden, der D² bewegen konnte und musste, eine solche Umstellung zu vollziehen. — Auch aus anderer Erwägung halte ich eine solche Annahme für recht mislich. Es scheint doch im Plan des Königsbuches zu liegen, dass hier in schneller Folge die Gründe für den

---

[1]) So mit Recht Sörensen: a. a. O. S. 18. Duhm a. a. O. S. 235. Cheyne a. a. O. S. 216.

Untergang des Nord- und Südreichs entwickelt werden sollen. So hören wir von den einzelnen assyrischen Invasionen, wie sie Israel bedrohen, das Nordreich vernichten und Jerusalem in schwere Gefahr bringen. Zwar geht diese Gefahr noch an Juda vorüber, aber um Manasses willen muss Gott Jerusalem darnach trotz der Reform des Josia in die Hände des Babyloniers fallen lassen. In diesen Zusammenhang passen, scheint mir, Prophetengeschichten wie II Kön. 20 kaum hinein. Dass sich hier doch einige erhalten haben, würde sich am leichtesten daraus erklären, dass eben ein Bericht über Sanherib, den D^2 benutzte, innigst mit ihnen verbunden war, so dass sie als Anhang zu diesen Aufnahme ins Königsbuch gefunden haben, wobei vielleicht zu bemerken ist, dass D^2 sie um so lieber beibehielt, als die Gesandtschaft der Marduk-bal-iddina am besten die Ueberleitung zum Folgenden machte [1]). Denn mit dem Abzug des Sanherib verschwindet nach biblischer Darstellung Assur aus der jüdischen Geschichte und Babel tritt an seine Stelle. Es erscheint mir sogar nicht ausgeschlossen, dass der Verfasser von II Kön. 20 gemeint haben kann, Sanheribs Fall bedeute auch den Sturz der assyrischen Macht hier im Westen, und nun sei sofort Babel als nachfolgende Weltmacht auf den Plan und in den Gesichtskreis des Propheten getreten; denn von der egyptisch-palästinensischen Excursion des Assarhaddon und Assurbanipal hören wir bei den hebräischen Schriftstellern nichts. Dass er dabei über die Geschichte des 7ten Jahrhunderts a. C. nicht sonderlich unterrichtet gewesen wäre, trifft zu, dürfte aber noch nicht als Beweis gegen diese Vermuthung geltend zu machen sein. Man vergleiche nur was der Verfasser Dan. 11 über die persisch-griechische und hellenistische Geschichte vorträgt. Ich wenigstens glaube, dass bei einem exilischen Juden eine solche ungenaue Kenntnis der politischen Verhältnisse von 700—600 wohl denkbar wäre. Bei dieser Sachlage würde sich auch gut erklären, warum der Verfasser Jesaja jetzt mit Babel und nicht mit Assur drohen liess. Assur erschien ihm nach Sanheribs Miserfolg als abgethan und ungefährlich, jetzt tritt Babel an seine Stelle. Man brauchte um dieser Unwissenheit

---

[1]) Nach Duhm hat R. aus diesem Gesichtspuncte heraus die Umstellung vollzogen S. 252.

willen für die Entstehungszeit von Jes. 38 f. noch nicht bis in die persische Zeit hineinzugreifen, wie das Duhm thut. Er meint der Verfasser sei jünger als Esra, stände weiter vom Exil, über das er so gleichmüthig rede, wie es einem Exilierten kaum möglich sei (S. 261). Aber warum sollte das kaum möglich sein? Dass der zweite Redactor des Königsbuches nicht nachexilisch sei, scheint mir mit den meisten Forschern gewiss. Hätte er die Rückkehr erlebt, gewiss hätte er sein Werk nicht mit der Wiedererhebung des Jojachin geschlossen [1]) (661). Nur vom Standpunct des exilischen Verfassers versteht man den wiederholten Nachweis, dass Gott seinem Fluch in der Thora entsprechend gehandelt habe, Israel sich also nicht beklagen könne (II Kön. 17 7—20. 21 7—15. 22 15 - 20. 24 2—4). Dieser Redactor aber hat unsere in der deuteronomischen Schule entstandenen Prophetengeschichten schon vor sich gehabt. Also der Verf. von 38 f. hat nicht vor 586, nicht nach D^2 geschrieben, ist demnach der exilischen Zeit zuzuweisen.

II. II Kön. 19, 9 b—35. Jes. 37, 9 b—36 (B^3).

Es fragt sich, ob nun auch Teile aus Jes. 36 f. II Reg. 18 14—19 noch diesem Verfasser zugeschrieben werden können. Die Frage ist, wenn auch zögernd, bejaht worden [2]). Bekanntlich bietet die Sanheriberzählung in der Bibel mehrere leicht zu scheidende Berichte. Wir haben es zunächst mit dem 3ten derselben zu thun (II Kön. 19 9b—35 = Jes. 37 9b—36), den ich mit B.³ bezeichne. Ich stelle

---

[1]) Man wird den Eindruck nicht los, dass der sagenhaften Erzählung doch eine lebendige historische Ueberlieferung zu Grunde liege. Dass Marduk-bal-iddina, aus der Dynastie Jakin (bin Jakin), hier und nur hier, als Sohn eines Bel-iddina erscheint, kann richtig sein wie vielleicht als Nachfolger des Bel-iddina (1152—1150) ein Marduk-(bal-iddina?) 1149—32 vorkommt. Eine Gesandtschaft dieses Erbfeindes der assyrischen Macht ist durchaus wahrscheinlich, wenn auch Zeitpunct und Zweck der Sendung verwischt und vergessen ward. Und so konnte diese Gesandtschaft mit einer Krankheit des Hizkia in Verbindung gesetzt werden, mit welcher sie ursprünglich wohl nichts zu thun hatte. Eine solche lebendige wenn auch sagenhaft verwischte Ueberlieferung ist aber gewiss leichter noch um 550 als zur Zeit des Esra (etwa 450) zu denken.

[2]) Duhm a. a. O. S. 252.

den Text voran, da auch hier der richtige Text für die sachliche Kritik von Bedeutung ist.

Der Bericht ist fast ganz erhalten, nur der Anfang fehlt, weil der Heraufzug des Sanherib schon aus anderer Quelle berichtet war.

ᵃ9 . . . ᵇ וישלח מלאכים אל חזקיהו לאמר׃ ¹⁰ כהᶜ תאמרון אל חזקיהו מלך יהודה לאמר אל ישאך אלהיך אשר אתה בטח בו לאמר לא תנתן ירושלם ביד מלך אשור׃ ¹¹ הנהᵈ אתה שמעת

---

9. a. Vgl. zu der Scheidung der 3 Berichte über den Zug des Sanherib besonders Stade Z. A. T. VI. 170 ff. Dass wir hier nicht einen zweiten Versuch Sanheribs sich Jerusalems zu bemächtigen, vor uns haben (so noch Bredenk. Orelli) ist klar. Schon das vollständige Schweigen über die erste Bedrohung erweist es. Auch erwartet man nach der Weissagung des Jesaja sofort die Nachricht von ihrer Erfüllung, nicht aber den Bericht von einer nochmaligen Gefährdung der Stadt, nicht ein nochmaliges von dem ersten wesentlich abweichendes Orakel. D² wird sich das wohl als dritte Gefährdung gedacht haben; nach ihm käme zuerst Tributzahlung, 18₁₄—₁₆, dann Erscheinung des Rabsake, schliesslich die Aufforderung durch den Brief. Jede dieser Erzählungen schliesst die andere aus. b. Erst mit 9b beginnt der Bericht. Der Versuch Wincklers (a. t. Untersuchungen S. 27 ff., Geschichte Assyriens S. 251) 9a (wie 38) zu diesem Bericht zu ziehen und wegen Erwähnung des Tirhaka hier die Erzählung einer späteren egyptisch-palästinensischen Expedition zu finden (die thatsächlich wohl nie stattfand) ist ganz unglücklich. Ebenso wenig wie man die Worte ביד הכהו בחרב (V. 38) von der in Bericht II gebotenen Weissagung des Jesaja הפלתיו בחרב בארצו (V. 7) trennen kann, ebenso wenig ist die Zusammengehörigkeit von ושמע שמועה V. 7 mit dem וישמע על תרהקה V. 9 zu bezweifeln (vgl. m. Jesaja und s. Zeit S. 18 ff.). | V. 10 c. von כה bis יהודה fehlt Kön. Gr. darum von Stade, Kamph., Duhm gestrichen, was nach Dillm. mögl. Weise richtig ist. Denn nachher sei doch von einem Briefe (V. 14) nicht von einer mündlichen Botschaft geredet. Aber das Fehlen in Kön. Gr. erklärt sich wegen des gleichen Schluss in 9 u. 10a. Das Auge sprang von dem ersten לאמר in 9 auf das 2te 10a über. Die Streichung würde auch nicht viel helfen. Wenn man nicht einfach Ungeschick des Schriftstellers annimmt, der das, was der Brief enthält hier als Auftrag der ihn überbringenden Boten bietet, dabei aber den Brief selbst garnicht erwähnt, läge die Annahme einer Textverletzung nahe: es müsste etwa gestanden haben: וישלח כה ־זר ביד ־מלאכים אל חזקיהו לאמר׃. Die Annahme einer Textverletzung liegt ja um so näher, als der Anfang des Berichts überh. fehlt; ausserdem wird am Anfang des Briefes doch die Aufforderung zur Uebergabe gestanden haben, die jetzt auch nicht mehr da ist (Duhm). | 11. d. Jes. Gr. הלא,

את כל⁰ אשר עשו מלכי אשור לכל הארצות להחרימם ואחה
תנצל ׃ ¹²והצילו אותם אלהי הגוים אשר שחתו ᶠ אבותי את גוזן
ואת חרן ורצף ובני עדן אשר בתלאשר : ¹³אי⁹ ᵍ מלך חמת ומלך
ארפד ומלך . . . ʰ . ¹⁴ויקח חזקיהו את הספר ⁱ
ספרוים הנע ועוה ; מיד המלאכים ויקראהו ויעל בית יהוה ויפר שהו חזקיהו לפני יהוה ׃
¹⁵ויתפלל חזקיהו ᵏ אל ˡ יהוה לאמר : ¹⁶ (¹⁵ᵇ) יהוה ᵐ אלהי ישראל ישב
הכרבים אתה הוא האלהים לבדך לכל ממלכות הארץ אתה עשית
את השמים ואת הארץ ¹⁷ (Kön. 16) הטה יהוה אזנך ושמע פקח יהוה

vielleicht richtig. e. So nach Kön. Gr.; Kön. H hat nur את אשר, Jes.
H nur אשר. | 12. f. Jes. H השחיתו. | 13. g. Jes. איה wohl nach 36 19, wo איה.
n. Auch hier muss ein Eigenname gestanden haben. לעיר der Stadt ist
unpassend (vgl. Duhm). Aber auch die Verbindungslosigkeit der 2 vor-
letzten Namen ist auffallend; da doch vorher jedes Mal ו wiederkehrt;
sollte da etwas wie איה מלכי ספרוים הנע ועוה gestanden haben? | 14. i.
Jes. u. Kön. H ספרים und danach in Kön. auch ויקראם. Es handelt sich
aber nur um einen Brief. Da nun ספרים in singularischer Bedeutung (geg.
Klosterm.) nirgends sicher belegt ist (vgl. S. 9c), hat man vielleicht Ditto-
graphie des מ von מיד anzunehmen und den Plural zu beseitigen. | 15. k.
Die Angabe des Namens ist sehr auffallend. Deshalb streicht Duhm den
Vers nach Kön. Gr. Aber V. 20, den Duhm nicht streicht, greift ja
wörtlich auf V. 15 zurück. Auch erklärt sich die Auslassung des
Uebersetzers sehr einfach daraus, dass sein Auge von לפני יהוה in V. 14
sofort auf לפני יהוה in V. 15a abirrte. Klosterm. von der Voraussetzung,
dass Hizkia in den Tempel mit dem Brief eilte, um ihn daselbst zu
lesen str. ויקראהו V. 14 und vermuthet, dass zw. V. 14 und 15 etwas
ausfiel, wie: »und so stand darin geschrieben« mit den zitierten Worten.
Aber nicht um einen Brief, den er noch nicht geöffnet, im Tempel zu
lesen, geht H. ins Gotteshaus, sondern nachdem er im Briefe des Sanherib die schwere Gotteslästerung gelesen, eilt er in den Tempel, wo
Jahve wohnt, um ihn selbst das Unglaubliche lesen zu lassen und zum
Eingreifen zu bewegen. Am einfachsten wird חזקיהו als überflüssiges
Explicitum aufzufassen und zu streichen sein vgl. Wellhausen. Text der
Bücher Samuelis, Göttingen 1871. 22 ff. I. Kön. H u. Gr. haben לפני
statt אל. Auch das möglich vgl. Neh. 14. אל ist das Gewöhnlichere,
לפני יהוה vielleicht im Hinblick auf das vorangehende לפני יהוה entstanden; damit war dann auch die Aenderung des לאמר (Jes.) in ויאמר (Kön.)
gegeben, während, wenn Kön. den urspr. Text hatte und Jesaja אל statt
לפני schrieb, ein Grund ויאמר in לאמר zu ändern nicht ersichtlich wäre.
»Er betete folgendermassen vor Jahve an« mit unmittelbarer Angabe
des Gebets konnte man nicht sagen, während auf »er betete folgendermassen zu Jahve« sofort das Gebet folgen konnte. Nach לפני muss
zur Einführung des Gebetes verb. finitum stehen wie Neh. 14. | 16. m.
Jes. H und Gr. haben noch צבאות; doch wohl Hinzufügung, da eine

עיניך^a וראה ושמע את דברי^o סנחריב אשר שלח^p לחרף אלהים
חי: $^{18(17)}$אמנם יהוה החרימו^q מלכי אשור את הגוים ואת
ארצם: $^{19(18)}$ונתן^r את אלהיהם באש כי לא אלהים המה כי אם
מעשה ידי אדם עץ ואבן ויאבדום: $^{20(19)}$ועתה^s יהוה אלהינו
הושיענו נא^t מידו וידעו כל ממלכות הארץ כי אתה יהוה
אלהים^u לבדך: $^{21(20)}$וישלח ישעיהו בן אמוץ אל חזקיהו לאמר
כה אמר יהוה אלהי ישראל אשר התפללת אליו אל [סנחריב]
מלך אשור^v: $^{33\alpha\beta(32\alpha\beta)}$לא יבוא אל העיר הזאת ולא יורה שם חץ

Streichung bei Kön. nicht zu verstehen wäre, während die Jesajarecens.
das Kürzungsstreben verrät. Im umgekehrten Falle, wenn צבאות in Kön.
stände, in Jes. fehlte, würde man Streichung zu vermuthen geneigt sein.
17. n. Jes. H (nicht Gr.) עינך, falsche Gleichmacherei. אזנך findet sich
bei נטה von Jahve gebraucht stets im Singular, während von עין in
gleicher Verbindung der Dualis gebräuchl. ist. o. Jes. H hat gegen
Kön. H u. Gr. u. Jes. Gr. noch ein כל vor דברי. p. Kön. H שלחו, irrig
nach 19₄. | V. 18q. so statt החריבו nach V. 11 (nach Duhm), denn ein
החריב der Völker ist widersinnig (zu Jes. 60₁₂ vgl. Duhm). Das hat
der empfunden, welcher das גוים des Königsb. in Jesaja zu כל הארצות
veränderte. Aber dann hätte er auch ארצם streichen müssen »ihr d. h.
der Nationen Land«. Denn an das eigene Land der Assyrer zu denken
(Orelli) verbietet der Context deutlich genug. Kl. hält für den Urtext:
החריבו כל הארצות, daraus sei im Königsb. geworden: החריבו את הגוים
ואת ארצם; daraus sei dann ארצם in Jesaja eingedrungen. Unwahrschein-
lich. | 19. r. Kön. ונתן grammat. unzulässig; Inf. absolutus gl. verb.
finitum, wenn nicht zuschreiben: ויתנו (Kl.), oder vielleicht ונתן ונתן;
aber für eine solche Betonung des נתן ist eigentlich kein Grund vor-
handen. | 20. s. So recht Kön. H u. Gr. Jes. Gr. gegen Jes. H: ואתה.
t. נא gestr. in Jesaja. u. אלהים fehlt in Jesaja, mit Unrecht (so Kl.
Duhm u. A., gegen Di.); nicht dass er allein Jahve, sondern dass Jahve
allein Gott ist soll gesagt sein. | 21. v. In Jes. Gr., Kön. H und Gr.
steht noch שמעתי. Sie haben אשר dann relativisch verstanden. »Was
du u. s. w., habe ich gehört«! Aber dann die Auslassung in Jesaja
trotz des Verkürzungsstrebens bei Jesaja schwer begreiflich. Vielmehr
hat Jes. H das Ursprüngliche. שמעתי ist erleichternder Zusatz (geg.
Ges. Del. Di. u. A.). Dann also: Was du bezüglich des Sanh. gebetet
hast — dies ist das Wort u. s. w. (so Orelli). Nach anderen (Duhm)
»weil du bezüglich des Sanherib zu mir gebetet hast« »darum spricht
also Jahve bezügl. des Königs von Assur« (V. 33) oder wenn das Orakel
22 ff. als echt gilt: »weil u. s. w.« »so ist dies das Wort, welches Jahve
geredet hat«. Dann begönne die Rede Jahves (das die allgem. Ansicht)
mit אשר: das ist unpassend, mag nun V. 22 oder V. 33 die unmittelbare
Fortsetzung sein. Denn 22a wie 33a ist doch erst Einführung der
Rede Jahves, von dem da in der 3ten Person gesprochen wird, nicht

ולא יקדמנה מגן ולא ישפך עליה סללה״ : 35(34)וגנותי עלˣ העיר
הזאת להושיעה למעני ולמען דוד עבדי 30וזהʸ לך האות אכול
השנה ספיח ובשנה השנית סחישᵃ ובשנה השלישית זרעו וקצרו
ונטעו כרמים ואכלו פרים : 31(30)ויספה פלטת בית יהודה הנשארה
שרש למטה ועשהᵇ פרי למעלה : 32(31)כי מירושלם תצא שארית
ופלטה מהרציון קנאת יהוה צבאותᶜ תעשה זאת : 36(35)ויהי בלילה
ההואᵈ ויצא מלאך יהוה ויךᵉ במחנה אשור מאה שמוניםᶠ וחמשה
אלף וישכימו בבקר והנה כלם פגרים מתים :

aber ein Teil dieser Rede selbst. V. 33 a entspricht genau V. 21 b. Es
ist zu lesen אלי התפללת statt אל. Die Abreissung des V. 33 von 21
hat eine Wiederaufnahme von 21 b nötig gemacht. Diese bietet 33 a.
Dabei ist das Fehlen des סנחריב (in V. 33) vielleicht ursprünglich
und der Name 21 b wie so oft der Deutlichkeit wegen hinzugethan
vielleicht liest man besser על מלך statt אל. w. V. 34 (33) - בדרך אשר
(Jes. בא) יבא ist mit Duhm zu
tilgen; denn נאם יהוה müsste den Schluss des Orakels bilden; ferner
endet diese Erzählung nicht mit der Heimkehr des Sanh. sondern
mit der Vernichtung seines Heeres. Der Vers ist zusammengesetzt aus
$33\alpha\beta$ = 34 b u. 29 b = 34 a. Er bietet zwischen 33 u. 35 eine lästige
und störende Zwischenbemerkung. | 35. x. Kön. irrig אל; להוש־עה fehlt
Kön. Gr. | 30. y. Dass V. 22—29 von anderswo eingesetzt worden, ist
wohl gewiss (Stade, Duhm, Klosterm.). Das Lied hat eine besondere
Einführung 22 a, die sich mit 21 b stösst, bringt eine Anrede an Sanherib,
die unerträglich ist. Es muss Hizkia angeredet werden. (Siehe unten.)
Anderseits ist es falsch 30—32 mit dem Liede zusammenzunehmen.
Dass im Gegens. zum Vorangehenden, wo Sanherib angeredet ist, das
לך V. 30 ganz unvermittelt auf Hizkia geht, ist zu hart. Dazu macht
der lebhafte Rythmus von 22—29 einer breiten Prosa Platz. Dass dies
Zeichen (V. 30) zu dem Bericht II, der von dem Abzuge Sanheribs
redet und nicht zu unserer Erzählung (V. 36) passe (so Duhm), ist nicht
erweislich. Das Auftreten des Assyrers zur Erntezeit kann genügen,
um ein Ernten für 2 Jahre unmöglich zu machen, wenn er darnach
auch plötzlich weichen musste (Del. S. 384). Natürlich setzt זה לך u. s. f.
eine Weissagung voraus. Diese kann dann nur in 33—36 gefunden
werden. Und thatsächlich bekommt das Orakel damit einen vortrefflichen
Abschluss. Bei der Verwirrung, die durch den Einsatz 22—29 ange-
richtet wurde, ist diese irrige Umstellung ja leicht erklärlich (vgl. auch
Kloster. a. a. O. S. 467). | 30. a. Jes. שחים Jes. ואכול st. יאכלו. | 31. b.
Wegen des Masc. עשה will Duhm in 31 a lesen יהודה בית ויסף, aber unnötig,
vielleicht besser zu schreiben עשתה. c. צבאות fehlt Kön. H doch wohl irr-
tümlich vgl. die Grundstelle Jes. 9 6. Doch möglich, dass auch dort wie
hier צבאות erst hinzugefügt ward (Duhm) vgl. zu V. 16. | 36. d. Die 3 ersten
Worte aus Kön. 35 fehlen in Jesaja; doch weist schon das וישכימו בבקר
auf sie hin; also Kürzung. e. ויכה Jes. f. ישמנים Jes. II u. Gr. xᶜ A.

Bedeutung und Herkunft von B.³.

Der Bericht ist abgesehen von einiger Verletzung im Anfang wohl ganz gut erhalten; es fragt sich, welcher Zeit er zuzuweisen, wie er zu werthen ist. Schon die Sprache führt ziemlich tief hinab. Wenigstens gehören die Stellen, in denen ein überflüssiges היא das Pronomen personale von dem Prädicat trennt, alle der späteren, nicht vor dem Deuteronomium liegenden Sprachperiode an (II Sam. 7 28. Jes. 43 25. 51 12. Jer. 49 12. Ps. 44 5. Neh. 9 6f. vgl. aram. Esr. 5 11). So wird das אחת היא V. 16 auf spätere Zeit weisen. Desgleichen ist die Art, das Verbum weiter durch einen mit וְ eingeführten absoluten Infinitiv aufzunehmen besonders in späteren Schriften beliebt. Ges. Kautzsch 25te Aufl. 113a vgl. besonders Dan. 9 5. Demnach mag der Infinitiv וְנָתֹן V. 19 wohl als ein Zeichen späterer Zeit gelten. Immerhin lässt sich dieser Gebrauch auch schon bei E nachweisen vgl. Gen. 41 43. Ex. 8 11. עֵץ וָאֶבֶן V. 19 finden sich vor dem Deuteronomium nicht so zusammen genannt vgl. Dt. 4 28. 28 36. 64. 29 16. Ez. 20 32. Auch ist es vielleicht mehr als Zufall, dass קרם in feindlicher Bedeutung wie V. 33 sich erst spät belegen lässt (Ps. 17 13. 18 6. 19. Job. 30 27. Amos 9 10). Zu diesen wenigen sprachlichen Zeichen, die uns übrigens nicht mit Notwendigkeit in die nachexilische Zeit führen, an die Duhm auch für diesen Bericht denkt, kommen nun gewichtige sachliche Erwägungen. Der theologische Standpunct — von einem solchen kann man hier mit Recht reden — wie er uns in der Erzählung entgegentritt, ist der der nachdeuteronomischen Periode. Die ganze Tendenz der Geschichte läuft doch darauf hinaus, zu zeigen, dass Jahve sich als einzig lebendiger und mächtiger Gott an dem Geschick des Sanherib in wunderbarer Weise geoffenbart hat. Während die Götter anderer Völker nicht blos Beleidigungen habe hinnehmen müssen, sondern gar zum Feuertod von dem Assyrer verdammt worden sind, rächt sich Jahve für die ihm angethane Schmähung in der unverkennbarsten Weise und zeigt so durch die That, dass er im Gegensatz zu den Göttern der Heiden wirklich existiert, »lebendiger Gott« אלהים חי ist (V. 17). Es ist gewiss nicht ohne Bedeutung, dass hier im Gegensatz zu dem anderen, unten zu behandelnden Berichte (36 14) vor der Verführung durch Jahve (dort durch Hizkia) gewarnt wird; dass dort der Assyrer sich als von Jahve gegen Hizkias gesandten Rächer einführt, während er hier Jahve selbst lästert. So breitet Hizkia im Tempel vor Jahve den Brief Sanheribs aus, um ihn zur Rache für diese Lästerung anzutreiben. Die ganze Sanheribgeschichte ist also von religiösem oder besser theologischem Gesichtspuncte aus behandelt. Sie dient zum Beweis eines geltenden Lehrsatzes.

Es handelt sich um den scharf erkannten Monotheismus. Und wenn gewiss für das Gefühl des Hosea, Jesaja, Amos Jahve als der allein lebendige, damit der einzige Gott in Frage kommt, so wird das doch nicht deutlich erkannt und ausgesagt. Den heidnischen Göttern wird nicht jegliche Existenz abgesprochen. Das ist in der exilischen Zeit anders. Da bildet gerade der Monotheismus den Hauptsatz der Theologie. Darauf legt es ja Deuterojesaja an zu erweisen, dass nur Jahve allein Gott ist. Und der Beweis wird so vollzogen, dass die heidnischen Götter mit den Götzenbildern gleichgesetzt und damit die Sinnlosigkeit des heidnischen Cultus, die Ohnmacht der heidnischen Götter ans Licht gestellt wird. Bei Jesaja sollen die Israeliten in der Rettung Judas und der Strafe Assurs erkennen, dass Jahve, Israels Gott, lebt und auch Assur schlagen wird und zwar in Jahves Land (8 9f. 18 1ff.). Damit ist die Behauptung, dass Assurs Götter nicht auch existieren und grosse Bedeutung haben könnten, nicht gegeben; mit anderen Worten einen klar und scharf erkannten und ausgesprochenen Monotheismus finden wir bei Jesaja nicht. Dagegen will eben Jahve durch das, was er an und mit Juda thut, bei Deuterojesaja sich als einzigen Gott vor aller Welt kund thun. Hier gewinnt dann auch die Erzählung von der Erschaffung der Welt eine ganz andere Bedeutung. Wie die Welt der Geschichte, so kennt auch die der Natur nur einen Gott — Jahve, den Gott Israels. Und so wird dann wohl gern ein Gebet mit dem Hinweis auf die Allmacht des Schöpfers eröffnet vgl. Neh. 9 6.

Das ist unverkennbar die Luft, in der der Verfasser unserer Erzählung athmete. Wenn auf die Macht Jahves, die er bei der Schöpfung gezeigt hat, hingewiesen wird, mit dem Gedanken, dass er sie nun auch erweisen möge (V. 16), so erinnert das an Ausführungen wie Jes. 40 17ff. 27ff. 42 5ff. 44 24ff. 45 12ff. 18ff. 48 12ff. und besonders Neh. 9 6. Die Assyrer haben die Götter anderer Nationen, heisst es V. 18, mit Feuer verbrannt. Kein Wunder, sie waren ja nicht Götter, sondern Holz und Stein. So konnte man sie ungestraft vernichten. Darin aber besteht der Frevel, dass der Assyrer Jahve in gleiche Linie mit jenen stellt. — Thatsächlich ist übrigens den Assyrern etwas Derartiges gar nicht eingefallen. Selbst wenn man Jes. 10 10f. gegen Duhm festhält, so würde diese Stelle doch nichts in dieser Hinsicht beweisen. Denn sie bietet ja nur jesajanische Worte im Munde des Assyrers. Dieser mag fremde Götter wohl für minder mächtig wie seine erachtet haben, »Nichtse« hat er sie gewiss nicht gescholten. Wenn die Assyrer nicht, was gewiss garnicht selten geschah, sich als Diener der fremden Gottheit hinstellten, die sie gegen ihre abtrünnigen bisherigen Verehrer herbeigerufen habe (Cap. 36 10ff. vgl. Cyruscylinder), so haben sie die Götter mit sich fortgenommen als kostbaren Schutz und Schatz. Von Verbrennung der Götter sagen die geschichtlichen Inschriften nichts. Das mag ein Xerxes gethan haben (vgl. Herod. 8, 143), den assyrischen Königen sagt B.[3] dergleichen mit Unrecht nach, wie mir scheinen will [1]). Eben dieselbe assyrische Macht, die durch die Verbrennung die Nichtigkeit jener Götzen erwiesen, soll am eigenen Leibe Jahve als חי אלהים spüren und vor aller Welt kund thun. So konnte ein exilischer Verfasser den Hizkia reden und denken lassen, thatsächlich hat dieser gewiss nie so geredet. Schon die Gleichsetzung von »Holz und Stein« mit den Göttern — da Holz- und Steindienst, d. h. Dienst der אשרה ומצבה, doch etwas ganz anderes ist als Verehrung fremder Götter — ist erst von den exilischen Teilen des Deuteronomiums an in Israel nachweisbar (Deut. 4 28. 28 36. 28 64. 29 16), wie ja nicht blos die Zusammenstellung ʿעץ ואבןʾ (s. o.), sondern auch אבד (V. 19) vom Vernichten der Götzen und der במות u. s. w. erst vom Deuteronomium an sich findet (Deut. 12 2f. II Kön. 21 3. Ez. 6 3. Num. 33 52). Der Beweis aber, dass die Verbrennung der Götzenbilder auch die Nichtexistenz der Götter darthue, dass also Götter und Bilder zusammenfallen, ist durchaus im Geist und Sinne des Deuterojesaja (44 9ff. vgl. Jer. 10 1ff.) gehalten, liegt aber noch

---

[1]) Wenigstens ist es mir nicht gelungen, auch nur ein Beispiel davon ausfindig zu machen, während die Mitschleppung feindlicher Götter und damit der Widerstandskraft feindlicher Völker sehr oft erwähnt wird vgl. z. B. Tiglat-Pilesar I. III. 106. IV. 32ff. VI. 9 u. oft.

ganz ausserhalb des Gesichtskreises, wie wir ihn bei Hizkia oder Jesaja vorauszusetzen haben. Weder die Rede des Sanherib noch die des Hizkia, endlich auch nicht die des Jesaja ist aus der vorexilischen Zeit denkbar. Wie nun der Brief des Sanherib, in dem sich sogar der echtjüdische Ausdruck החרימ »bannen« findet, schwerlich je von Sanherib geschrieben, dies Gebet sicherlich nicht von Hizkia gesprochen ist, so lässt sich auch die Erscheinung und Rede des Jesaja nur aus späterer Zeit begreifen. Nicht direkt durch Gott erhält Hizkia die Antwort, sondern durch diesen grossen Mittelsmann; sie erfolgt anscheinend sofort. Jesaja sendet ungefragt die göttliche Antwort. Man hat gemeint (Dillm.), die Darstellung sei nur kürzer wie C. 37 1ff. Es sei nicht nötig, hier an übernatürliches Wissen der Propheten zu denken. Auch hier kann die Befragung durch Boten, so ist wohl die Meinung, vorausgesetzt worden. Aber das ist gewiss irrig. Die Lage ist ganz anders. Dort betet Hizkia zu Gott und schickt zugleich zu Jesaja, dass er seine Bitten mit denen des Königs vereine, worauf ihm die tröstliche Verheissung zu teil wird (37 6). Hier dagegen erbittet der König sofort eine göttliche Antwort, ein göttliches Eingreifen. Sein Gebet wird erhört: Gott antwortet durch den Propheten. Was sollte da noch eine Benachrichtigung durch Boten. Sie ist ja durch die Ausbreitung des Schmähbriefs im Tempel zur Genüge erfolgt! Demnach scheint hier der Prophet in gleicher Weise wie C. 39 mit einer unbegreiflichen Allwissenheit begabt. Sie zeigt sich auch bei der Ankündigung des Zeichens, welches natürlich nicht fehlen darf. Der Unterschied des wirklichen und des in der Sage festgehaltenen Jesaja tritt gerade bei diesem recht deutlich hervor. Jes. 7 bietet der Prophet dem König Ahas ein Zeichen an, um also dem Glauben des schwachen Herrschers eine Stütze zu bieten, die der Prophet für sich nicht nötig hat. Hier (C. 37) wie C. 38 ist das אות etwas Aeusserliches, zu dem göttlichen Wort Hinzukommendes. Es lässt sich leicht ohne Beschädigung des Zusammenhanges herauslösen (wie das ja auch thatsächlich von manchen Forschern in C. 38 geschieht) und hat nur den Zweck zu zeigen, dass Gott in seiner Allmacht auch die Natur zur Bestätigung seiner Worte verwende, und dass der Prophet als Gottesvertreter und Wundermann auch unumschränkt über die Kräfte der Natur verfügt. Dagegen ist in Jes. 7 das Angebot des אות aufs

Beste begründet. Es kann dort garnicht entbehrt werden. — Aber auch die Rede des Propheten ist Rede eines späteren, nicht vor das Exil zu setzenden Mannes. Zwar dass die Begriffe פלטה und שארית (V. 32) der späteren Ausdrucksweise angehören [1]; dass Jesaja keinesfalls die Befreiung Jerusalems von Sanherib geweissagt habe, vielmehr das Gegenteil, halte ich für irrig. Weder die Worte פלטה und שארית sind spät noch ist der Begriff eines heiligen Restes (vgl. שאר ישוב) dem Jesaja fernliegend. Der Schluss, dass der Verfasser von B.[3] die Reden Jes. 22 u. 29 nicht könne gekannt haben, da in ihnen schwere Aengstigung und Belagerung ausgesagt werde gerade im Gegensatz zu V. 33 ff. [2]), ist zu schnell. Er könnte ja auch diese Capitel auf etwas anderes bezogen und Jesaja 17 14—18 7. 8 9f. als Weissagung der Sanheribkatastrophe verstanden haben. Wer wollte ihm das Recht dazu bestreiten? Stände diese Ansicht etwa heute als ganz wunderlich da? Dagegen steht allerdings etwas anderes zu dem Gedanken des Propheten in starkem Widerspruch. Niemals ist es Jesaja in den Sinn gekommen zu sagen, Jahve werde um seiner selbst- und seines Knechtes David willen Jerusalem schützen und erhalten. Hatte nicht Jesaja wie Amos gerade von der Zerstörung Jerusalems gesprochen, die Jahve um seinet willen, seiner Ehre willen vollziehen müsste? Es lag der Grösse eines Propheten von dem Schlage des Amos und Jesaja die Meinung ganz fern, dass Gottes Name durch Jerusalems Fall leiden könnte; vielmehr verherrlicht wurde er dadurch, weil Jerusalems Sturz bewies, dass Jahve, der Gott der Gerechtigkeit, auch sein Volk strafte und über Israels Sünden nicht hinwegsah. Hatte Jahve auch seinen Tempel in Jerusalem, so war er doch nicht an die Stadt gebunden. Erst nach dem Fall Samariens, nachdem Jerusalem seine überragenden Concurrenten Bethel, Dan, Gilgal u. s. f. los geworden war; weiter, erst nachdem die Reform des Josias alle anderen Anbetungsstätten beseitigt und Jerusalem thatsächlich zum einzigen Sitz Jahves auf Erden gemacht hatte, war gewissermassen Jahves Ehre und Jahves Wohnsitz an Jerusalem gebunden. Also auch hier stehen wir auf dem vom Deuteronomium bereiteten Boden. Von der Zeit dieses Buches an hören wir oft, dass Jahve um seinetwillen Jerusalem und sein Volk nicht auf

---

[1]) Duhm a. a. O. S. 249.   [2]) Duhm a. a. O.

die Dauer preisgeben könne; dass er um seiner Ehre, seines Namens willen aufstehen werde (Jes. 43 25. 48 9. 11. Ez. 36 22f. 20 14. I Kön. 11 13). Desgleichen ist das Wort למען דוד עבדי als Begründung für die Rettung Jerusalems den späteren zwar sehr geläufig, Jesaja aber ganz fremd. Im Gegenteil, die Erinnerung an David kann Gott nur zur schärfsten Strafe antreiben. Die Stadt, in der David einst residierte, die er zur ersten des Reiches, zur Stätte der Bundeslade machte (C. 29); die Stadt, in der zu seiner Zeit (an diese ist doch wohl besonders Jes. 1 21. 26 gedacht) Gerechtigkeit und Treue herrschten, ist jetzt zur Meisterin in der Kunst der Sünde und des Götzendienstes geworden. Da will Gott dreinfahren und sie mit Feuer und Schwert heimsuchen. Anders aber war die Stimmung in den deuteronomischen Kreisen. Samarien war gefallen, Juda und Jerusalem geblieben. Das war geschehen, weil in Jerusalem Davididen herrschten. Um seines Knechtes David willen, dem Gott ein beständiges Haus bauen (II Sam. 7. D.), dem er seine Leuchte nicht erlöschen lassen wollte (I Kön. 8 17ff. 24ff. 11 13. 34. 36. 15 4. II Kön. 8 19. 20 6 u. ö.), war das also gekommen.

Und wenn nun Jerusalem schliesslich doch fiel, der Staat Juda und damit Davids Herrschaft beseitigt ward, so galt es nur eine kleine Zeit Geduld zu haben, um zu erleben, dass der Bund Gottes mit David unverbrüchlich sei (Jes. 55 3), dass Jahve seinem Volke David wieder zum Hirten geben würde (Ezech. 34 23 vgl. den Einsatz מלכם ואת דוד Hos. 3 5).

So führen also sprachliche und sachliche Beobachtungen in die Zeit nach 622. Ja, die Verwandtschaft der Ideen, der theologischen Interessen, zwischen B.[3] und Deuterojesaja, lässt eher an die exilische als an die dicht vorexilische Periode denken, wenn auch nicht notwendig Abhängigkeit von Deuterojesaja und damit spätere Entstehung gegeben wäre. Hiergegen lässt sich nun keinesfalls geltend machen, dass manche naive, volkstümliche Züge uns in hohes Alter führten — so die Erwähnung, dass Hizkia den Brief vor Gott ausbreitet; dass der, von den grossen Propheten nicht mehr verwendete, der Volksreligion entstammende (Duhm) מלאך יהוה (hier als Erreger der Pest) erscheine, und es gar nach der Volksart heisst: als sie morgens aufstanden waren sie alle tote Leichen, 185 000 Mann. Das Alles zeigt nur, dass wir es mit einer aus dem Munde des

Volkes genommener Erzählung zu thun haben, ohne dass daraus irgend etwas für ein höheres Alter sich erschliessen liesse. Ist's aber eine Volkserzählung, so auch nicht reine Geschichte, sondern Sage, der bestenfalls ein geschichtlicher Kern zu Grunde liegt. Auf Sage weist schon die Zeichnung des Propheten Jesaja hin. Darauf führt auch der Schluss. Die Meinung der Erzählung ist natürlich, dass in der Nacht nach der Rede des Jesaja die Katastrophe eintrat. Der Lästerung des Sanherib folgt die Strafe auf dem Fusse. Dass in der einen Nacht 185,000 an der Pest starben und zwar plötzlich, abends noch gesund und morgens tot waren, wie die Meinung des Verses ist, kann man als eine durch die Sage bewirkte Vergrösserung einer geschichtlichen Begebenheit auffassen [1]). Man darf das aber nicht in der Weise erklären [2]), als ob durch ein längeres »Grassieren der Pest Menschen bis zur Höhe von 185,000 starben«. Aber es muss doch gefragt werden, ob an der ganzen Sache überhaupt ein geschichtlicher Kern ist. Gewiss ist, dass die drei verschiedenen Nachrichten des Alten Testament sich ausschliessen (siehe weiter unten). Entweder hat Sanherib den hohen Tribut des Hizkia (II Kön. 18 14—16) entgegengenommen und damit das alte Unterthanenverhältnis als erneuert angesehen. Oder aber der Versuch, Jerusalem einzuschüchtern und so in die Gewalt zu bekommen schlug fehl, weil Sanherib sich der Macht des herankommenden Tirhaka nicht mehr gewachsen fühlte (B.[2]) und deshalb umkehrte, ohne Jerusalem in seine Hände bekommen zu haben. Oder endlich die Eroberung gelang deshalb nicht, weil eine Pest das Heer des Sanherib vernichtete. Versuche diese 3 Berichte auszugleichen liegen nahe genug, gewiss ist aber, dass eine solche Harmonistik wie gewöhnlich so auch hier vom Uebel ist. Da nun die besser unterrichteten (s. u.) Erzählungen von der Pest gar nichts wissen, drängt sich die Frage auf, ob nicht die Pest im Heere der Assyrer nur der Sage zuzuschreiben und aus der Geschichte zu streichen ist. Zwar wird schon von Josephus [3]) und darnach von allen Auslegern seit Hieronymus auf Herodot II. 141 hingewiesen, wo erzählt wird, dass der aegyptische König, der Priester Sethus, sich die ganze Klasse der Krieger dadurch ent-

---

[1]) Bredenkamp a. a. O. S. 219.   [2]) Delitzsch a. a. O. S. 387.
[3]) Josephus, Antiqu. X. II. 4.

fremdet habe, dass er sie geringschätzig behandelte und ihre Aecker fortnahm. Als nun »Sanacharibus der Araber und Assyrer König« herbeirückte, liessen ihn die Krieger im Stich, und er war in grosser Not. Durch einen Traum ermutigt, zog er mit einem Heer von Krämern und Handwerkern gegen Sanherib aus. In der Nacht vor dem zu erwartenden Zusammenstoss seien Feldmäuse gekommen und hätten Köcher und Bogen und Schildhaben der Feinde zernagt, sie also wehrlos gemacht und zur Flucht gezwungen. Dabei seien viele ums Leben gekommen. »Und jetzt noch steht dieser König von Stein bei dem Tempel des Hephästus und hat eine Maus in der Hand und spricht in Buchstaben also: Siehe mich an und sei fromm«.

Es fragt sich nun, ob diese Erzählung eine Stütze abgiebt, die fest genug ist, dass man durch sie den hebräischen Bericht von der Pest stützen könnte. Jedenfalls ist es auffallend, dass die alttestamentlichen Gelehrten Herodot heranziehen zum Beweis, dass die Vernichtung des assyrischen Heeres durch die Pest historisch sei, während man auf der Seite der Profanhistoriker die Ansicht, wir hätten es bei Herodot nur mit einer ätiologischen Sage zu thun, gerade mit Hinweis auf unseren Bericht, abzulehnen pflegt. Wie steht es denn mit der Erzählung des Herodot? Auffallend und nicht gerade sehr Vertrauen erweckend ist schon, dass Sanherib als König der »Assyrer und Araber«, sein Heer als arabisches bezeichnet wird. Bekanntlich hat das unter anderen Winckler [1]) Anlass zu der irrigen Annahme eines späteren, etwa 683 von Arabien aus erfolgten Zusammenstosses des Sanherib und der Aegypter gegeben. Weiter weiss die Geschichte nichts von einem Priesterkönig Sethus, etwa einem Priester des Ptah, welcher dem Assyrer siegreich entgegengetreten sei. In den Texten erscheint stets Tarhaka bezw. Schabataka als Gegner der Assyrer.

Was nun die Bildsäule mit der Maus anbetrifft, so unterliegt die Deutung derselben bei Herodot mancherlei Bedenken. Wiedemann äussert sich darüber folgendermassen [2]): »die Inschrift, die Herodot gesehen haben will, ist unägyptisch und gewiss griechische Erfindung. Die Bildsäule stellt vermutlich Horus dar, dem die

---

[1]) Alttestamentliche Untersuchungen S. 38.
[2]) Herodots 2tes Buch mit sachlichen Erläuterungen 1890 S. 502 ff.

Maus heilig war, besonders war es die Spitzmaus dem Horus als Herrn von Chemnis und Letopolis..... Eine ähnliche Gestalt wie die von Herodot geschilderte zeigen Münzen von Alexandria Troas, nämlich schon den Ilias I, 39 auftretenden Apollo Smintheus mit einer Maus auf der Hand. Nach Eust. Il. I, 39 hätte das Volk der Troas die Mäuse verehrt, weil sie die Bogensehnen ihrer Feinde durchknabberten; nach anderer Version verehrten die Amaxiter in der Troas Mäuse und hielten dem Sminthios zahme Mäuse. Der Gott sollte sie vor Mäusen geschützt haben oder auswandernden Kretern, um ihnen zu zeigen, dass sie sich in Amaxitos niederlassen sollten, durch Mäuse die Riemen der Schilde und Sehnen der Bogen haben zerfressen lassen. Im Tempel zu Chryse stand eine Statue des Gottes von Scopas, an der eine Maus unter dem Fusse des Gottes war, weil die Thiere die Lederteile der Waffen der Feinde zerfrassen oder weil sie beim Tempel in Menge vorhanden und darum heilig waren. Aus Kreta soll dieser Apollo die Mäuse verbannt haben. Da dieser Apollo Smintheus in Griechenland vielfach verehrt wurde, und hier die feindliche Waffen zerstörenden Mäuse öfters auftreten, so ist die ganze Sage in dieser Form wohl griechischen Ursprungs und erst von den Griechen nach Aegypten übertragen und hier an eine vorhandene Statue geknüpft, bez. mit einer bereits vorliegenden Legende verschmolzen worden«.

Dem von Wiedemann angeführten Beispiele aus Strabo XIII. 1. C. 604 (Aelian de nat. an. 12, 5) sei noch zur Seite gestellt, was Clemens Alex. in seinem Protrept. (C. III. 33) mitteilt: Er sagt nämlich: Πολέμων δὲ τοὺς ἀμφὶ τὴν Τρωάδα κατοικοῦντας ἱστορεῖ τοὺς ἐπιχωρίους μῦς, οὓς σμίνθους καλοῦσιν, ὅτι τὰς νευρὰς τῶν πολεμίων διέτρωγον τῶν τόξων. Während dort der freundliche Gott den Teukrern sagt, da, wo sie zuerst von Erdgebornen angegriffen würden, sollten sie sich niederlassen, und ihnen durch die ihr Leder zernagenden Mäuse (die Erdgebornen) ihren Wohnsitz anzeigt, handelt es sich in dieser Stelle wie bei Herodot um den Angriff auf ein feindliches Heer durch dieses Heer der Gottheit. Hingegen sind die von Plinius in seiner Hist. naturalis VIII, 82 mitgeteilten Fälle etwas anderer Art. Er redet dort von der wahrsagenden Kraft der Mäuse. Sie hätten den marsischen Krieg angezeigt, indem sie zu Lanuvium die silbernen Schilde zernagten, und 'dem Feldherrn Carbo den Tod gewahrsagt, indem sie seine Schuhriemen zerbissen. Wird man demnach in dem Zug der das Lederzeug und die Bogensehnen zerknabbernden Mäuse eine griechische, nicht den Aegyptern gehörige Ausdeutung sehen müssen, so bleibt immer die eine Maus in der Hand haltende Figur übrig. Es liegt natürlich nahe genug, diese Statue mit der Maus nicht auf einen unhistorischen König Sethus, sondern vielmehr auf den Gott Horus zu beziehen, in dessen Heiligtum Herodot diese Figur gesehen haben will [1]). Das ist ja denn auch geschehen, und man hat gemeint, was die Hebräer ihrem Jahve, hätten die Aegypter ihrem Horus-Ptah zugeschrieben, nämlich dass er die Assyrer durch die Pest zurückgetrieben habe. Worin aber liegt denn bei Herodot eine Hindeutung auf die Pest? In der Maus, sagt man. In den, wohl aus dem Ende des 4ten Jahrhunderts stammenden, ursprünglich koptisch geschriebenen 'Horapollinis Hieroglyphica' lesen wir B. I. N. 50: 'Interitum significantes murem pingunt. Hic enim omnia corrodens inquinat et inutilia facit. Eodem vero et signo utuntur, ut judicium designent. Multis siquidem variisque appositis panibus mus purissimum atque optimum delectu habito rodit. Propterea et pistorum judicium ex muribus sumitur'. Also die Maus ist die Hieroglyphe der Vernichtung. Wenn demnach eine Bildsäule mit der Maus in der Hand aufgestellt wurde, heisst das: der Gott, den man also mit einer für sein Heiligtum neu gestifteten, ihn selbst darstellenden Statue ehrte, hat die Feinde vernichtet. Aber so viel auch nach J. D. Michaelis' [2]) Vorgang dieser Ausweg beliebt wurde, er ist doch nicht befriedigend. 1) nämlich bestätigt sich die Meinung, dass die Maus Hieroglyphe der Vernichtung war, nicht [3]). 2) würde dann doch

---

[1]) Allerdings erhebt sich hier die nicht geringe Schwierigkeit, dass weder Horus noch irgend ein ägyptischer Gott sich also dargestellt findet. Das Thier ist bei den Aegyptern noch Incarnation, nicht schon wie bei den Griechen Symbol der Gottheit. Aber auch an ein im Tempel aufgestelltes Königsbild mit der Maus in der Hand zu denken, ist mislich. Könige wie Götter stehen in steifer fester Haltung da, höchstens haben sie einen Stock in der Hand. Was Herodot gesehen haben mag, ist demnach kaum zu errathen.

[2]) Anmerkungen zu Jesaja S. 107.

[3]) A. Wiedemann, dem ich für diese wie die in Anm. 1.

auch noch nicht die Pest als das Mittel der Vernichtung angegeben. Man könnte als Drittes, worauf ich aber kein Gewicht lege, noch hervorheben, dass nach Herodot erst auf der Flucht viele ums Leben kamen, nachdem sie durch die Mäuse wehrlos gemacht seien, was auch nicht auf die Pest als Grund der Vernichtung zu führen scheint. — Darum hat sich eine andere Deutung geboten, die recht ansprechend zu sein scheint. Hitzig nämlich in seiner Geschichte des Volkes Israel [1]) führt S. 125 Folgendes aus: »Indessen bezeichnet ja, dass Feldmäuse den in Troas gelandeten Kretern wie auch (Herod. II. 141) den Assyrern Sanheribs ihr Lederzeug zerfrassen, die verheerenden Wirkungen der Pest. Apollo die Pest sendend heisst daher $\sigma\mu\iota\nu\vartheta\varepsilon\upsilon\varsigma$; die Maus nämlich ist Bild der Pestbeule. Also sehen wir auch anderwärts das Symbol misverstanden; und die Feldmäuse fallen um so mehr hinweg [2]), da die Regenzeit (vgl. 61 zu V. 13) im Gegenteil mit ihnen aufräumen musste« [3]). Unabhängig von Hitzig ist Wellhausen auf die gleiche Deutung der Mäuse I Sam. 5f. gekommen [4]). Und in der That scheint aus I Sam. 5 f. deutlich hervorzugehen, dass — wenigstens bei den Philistern — die Maus wirklich Bild der Pest war. Nach der Eroberung der Lade, so wird berichtet, wurden die Philister von einer schweren Pest heimgesucht. Ihre Priester gaben ihnen den Rath, die Lade Jahves nach Israel zurückführen zu lassen und als Busse entsprechend der Zahl der philistäischen Grafschaften fünf goldene Geschwüre und fünf goldene Mäuse zu senden. Da von Mäuse-

---

gegebene Mitteilung zu Dank verpflichtet bin, vermuthet, dass die Hieroglyphe der Maus 'pennu', die sich nicht als Zeichen für Vernichtung nachweisen lässt, bei Horapollo vielleicht mit der des Set-thiers verwechselt ist; so ist sie auch wohl mit dem Schakalzeichen zusammengeworfen. Denn dies und nicht das der Maus bedeutet 'iudicium'. Im übrigen sei auf die Angaben in Horapollo, den Wiedemann etwa auf gleiche Stufe mit dem Physiologus stellt, nicht so fest zu bauen, trotzdem seine Angaben bei einer Reihe von Zeichen sich für die Ptolemäerzeit inschriftlich bestätigten.
[1]) Leipz. 1867.   [2]) Die Erörterung bezieht sich auf I Sam. 5f.
[3]) Desgl. Hitzig, Urgeschichte der Philister S. 201.
[4]) Text der Bücher Samuelis 1871 S. 64. Stade hat sich dieser Auffassung angeschlossen vgl. Geschichte des Volkes Israel 1887 I. S. 203 S. 621; ebenso Kittel, Geschichte der Hebräer 1892 II. 312. Kent, a history of Hebrew people 1897. 149; und so die meisten.

frass vorher (wenigstens im massorethischen Text) keine Rede gewesen ist, hier aber für die goldenen Mäuse gar keine Erklärung weiter für nötig befunden wird, scheint sich von selbst zu verstehen, dass die Uebersendung der Mäuse das Gleiche bedeutet wie die Gabe der goldenen Geschwüre. So Hitzig und Wellhausen. Nach diesem sind die Stellen, welche auf eine andere Auslegung (nämlich Mäusefrass) führen (H. I Sam. 6 5a. 18a) als spätere falsche Ausdeutung zu streichen, gleichwie der Gr. aus eigenem Ermessen I Sam. 6 1bc $\varkappa\alpha\iota$ $\varepsilon\xi\varepsilon\zeta\eta\sigma\varepsilon\nu$ η $\gamma\eta$ $\alpha\nu\tau\omega\nu$ $\mu\nu\alpha\varsigma$ (ebenso 5 6. 5 9?) geschrieben habe. Aber selbst wenn die Abweisung der LXX-»Zusätze« und die Ausscheidung jener Stellen das Richtige träfe (was ich bei H. I Sam. 6 5a entschieden bezweifle), wäre jene Auffassung doch noch sehr anfechtbar. 6 5b lautet: יקל את ידו מעליכם ומעל אלהיכם ומעל ארצכם. Das weist deutlich genug auf eine dreifache Heimsuchung. Diese erfolgte 1) durch die Demütigung des דגון (מעל אלהיכם) 2) durch Krankheiten der Menschen (מעליכם) 3) durch Heimsuchung des Landes (מעל ארצכם). Die Bedrohung der philistaeischen Gottheit wird abgewendet durch Rücksendung der Lade in ihr Land; die Heimsuchung der Menschen durch die Uebersendung der goldenen Pestgeschwüre; die des Landes durch das Geschenk der goldenen Mäuse. Also mit schwerem Mäusefrass haben wir es zu thun. Man hat nicht nötig, bei Aristoteles und Plinius sich über das ganze Unheil der Mäuseplage für den Landmann zu unterrichten. Ein schwerer Mäusefrass musste dem Landmann als furchtbare Strafe der erzürnten Gottheit erscheinen. Es ist doch ausserordentlich naheliegend, mit Klostermann I Sam. 6 1 nach dem Griechen etwa: ותשרץ ארצם עכברים einzusetzen und 5 a (H.) als ursprünglich zu halten. Uebrigens würde man auch bei der Deutung von Hitzig und Wellhausen die Uebersendung von Pestbeulen und Mäusen (also des Bildes und Sinnbildes der Krankheit) nicht recht verstehen können. Der Hinweis auf die 2 Träume des Pharao, die auf dieselbe Sache gingen (Gen. 41 25) (Wellh.) passt nicht. Dort soll ein zu erwartendes Geschehnis durch 2 dasselbe meinende Träume dargestellt und somit als sicher bevorstehend betont werden, hier aber wäre neben dem Bild der Krankheit, den Pestbeulen, die der Gottheit übersandt werden, wie die aus Wachs gebildeten Beine, Arme u. s. w., die von katholischen Gläubigen zur Unterstützung ihrer Bitte um

Heilung des kranken Beines oder Armes in die Kirchen ihrer Heiligen geschenkt werden, noch das Sinnbild ausserdem dargebracht. Das klingt nicht wahrscheinlich; näher liegt doch die Deutung, dass die Ueberreichung der Mäuse Befreiung von der Mäuseplage wie die der Pestbeulen die von der Pestplage erwirken soll. Ebenso wenig wie I Sam. 5 f. demnach die Behauptung »die Maus ist Symbol der Pest« stützt, ebenso wenig der Hinweis auf Ilias I, 39. Dort wird Apollo, der die Griechen auf die Bitte seines beleidigten Priesters mit schwerer Pest heimsucht, als Σμινθευς anzurufen. Das ist er doch wohl als der Herr der Mäuse[1]). Gesetzt auch diese, nicht einmal ganz sichere Uebersetzung, wäre ohne allen Zweifel zutreffend: es folgt für uns nur so viel, dass Apollo wie Herr der Pest, so auch der Mäuse war. Aber er hiess auch σαυροκτονος »Eidechsentöter« (Plin. hist. nat. XXXIV. 8) und wegen der Rettung von Wölfen λυκειος und λυκοκτονος (Pausan. Corinth. IX. 133). Gleichfalls hören wir ihn παρνοπιος nennen, weil er die Heuschrecken senden und vertilgen konnte. Sind nun etwa Wölfe, Eidechsen, Heuschrecken »Symbole der Pest«, die der Apollo sendet und verjagt? — Auf einem anderen Wege könnte man vielleicht zu dem Schluss kommen, dass die Maus Symbol der Pest ist. Nur zweifle ich, ob jemand geneigt sein wird, diesen Weg zu betreten. Im Jahre 1862 hat Dr. Jos. Virgil Grohmann in der königlichen Gesellschaft der Wissenschaften zu Prag eine Schrift vorgelesen mit dem Titel: Apollo Smintheus und die Bedeutung der Mäuse in der Mythologie der Indogermanen. Nach ihm herrschen zwischen Apollo und den Mäusen Beziehungen, welche den Griechen selbst nicht mehr klar gewesen sind. Sie lassen sich aus der indischen Literatur erschliessen. Darnach wäre Apollo der Sturm- und Gewittergott. Die Mäuse aber sind ursprünglich Blitze und Gewitterwesen. Der Blitz selbst wird als weisser Mäusezahn bezeichnet. So versteht sich, dass Apollo wie Rudra und Wuotan nebst Freya als Herr und Führer der Mäuse erscheint, als Herr der Leben und Gedeihen bringenden

---

[1]) Vgl. Köppen, Ilias I. 39; Nägelsbach, Anmerkungen zur Ilias 3te Aufl. 1864 I. 39. Ebeling, lex. Homericum II. 284. Die Grammatiker behaupten: οἱ γαρ Κρητες τους μυας σμινθους καλουσιν.

(»weisse Mäuse«) wie der dämonischen, Verderben bewirkenden (»schwarze Mäuse«) himmlichen Mächte. Alle diese Vorstellungen hätten ursprünglich nur für die himmlischen Mäuse gegolten. Sie wurden aber auf die irdischen Mäuse übertragen, nachdem sich die Götter und Dämonen zu voller Menschlichkeit entwickelt hätten. Da glaubte man nach ganz gewöhnlichem Vorgang, dass jene himmlischen Wesen die Macht hätten sich in Mäuse zu verwandeln oder zeitweilig in diese Gestalt verzaubert würden, oder man erzählte das nun von den irdischen Mäusen, was früher von den himmlischen gegolten hatte. »Apollo und Freya geboten auch den Feldmäusen und sandten diese zur Strafe auf die Aecker der Gottesverächter, und Donner vertrieb nicht mehr die himmlischen Mäuse, sondern die irdischen, die nun seine Abzeichen ebenso scheuten wie früher die dämonischen Mäuse«. Demnach würde man in der Beziehung der Maus zur Pest noch einen Rest jener ursprünglichen Anschauung sehen müssen, der die himmlischen schwarzen Mäuse nicht als Sinnbilder, sondern als Dämonen des Verderbens und auch der Seuchen galten.

Mit Recht haben die Forscher gegenüber diesen phantastischen Ausführungen an der schon von Strabo gegebenen einfachen und naheliegenden Erklärung festgehalten (Strabo B. XIII. I C. 613), dass Apollo als Abwehrer der Mäuse σμινθευς heisse wie πορνοπιος oder Πορνοπιων als Abwehrer der Heuschrecken. Man wird gewiss der Ausführung in Roschers Lexicon der Mythologie unter Apollo Recht geben, die da aussagt: Apollo als Gott der heissen Jahreszeit ist eine wohlthätige Macht, die Gottheit des Erntesegens, und eine böse, insofern alle Plagen und Krankheiten (Seuchen, Fieber) jener Zeit (die Pest glaubte man durch die Sonne verursacht, der Pestkranke war von ihren Pfeilen getroffen, Apollo war daher der Pestgott) und die besonderen Landplagen von ihm ausgehen. So gelten die ihm veranstalteten Feste entweder dem Spender des Herbstsegens oder dem Abwender der sommerlichen Landplagen. —

Wenn demnach Ilias I, 39 der die Pest sendende Apollo als Smintheus angerufen wird, so darf daraus weiter keine Folgerung hinsichtlich einer näheren Beziehung zwischen Pest und Mäusen gezogen werden. Wie man sich nach Aelian de nat. anim. 12, 5 in Aeolien auf Rath des Apollo von Delphi durch besondere Opfer für den Apollo Smintheus erfolgreich gegen die Plage der Feldmäuse in Aeolien geschützt hatte, wie der katholische Landmann gegen die Mäusegefahr sich erfolgreich an die heilige Gertrud wendet, die denn auch mit der goldenen Maus in der Hand dargestellt wird [1]), so liegt es nahe, das Gleiche in Aegypten mit dem Horus, dem Herrn der Mäuse, anzunehmen [2]). Wenn demnach zur Feier eines über assyrische Feinde erfochtenen Sieges eine neue Statue des Gottes aufgestellt ward, die ihn darstellte mit der Maus in der Hand, so hatte diese Maus mit den Assyrern ebensowenig zu thun, wie die zu Füssen des Apollo auf der Bildsäule des Scopas oder die auf der Hand der heiligen Gertrud. Immerhin mag sie Fremden Anlass zu Ausdeutungen und Erzählungen gegeben haben, wie uns eine der Art bei Herodot entgegentritt. Herodot hätte dann fälschlich diese Gottesstatue für eine Königsfigur gehalten. Hat nun Herodot wirklich eine Königs- oder Gottesfigur mit der Maus in der Hand gesehen, oder hat er irgend etwas anderes für eine Maus gehalten: jedenfalls steht die Behauptung, dass auch nach Herodot die Pest den Sanherib zum Rückzug bewogen habe, auf recht schwachen Füssen. Wenn

---

[1]) Vgl. Erzählungen von Gottfried und Johanna Kinkel 1883. Da lesen wir in der »Geschichte eines ehrlichen Jungen« S. 99. »In Sct. Gertrudis (Köln) steht auf einem Seitenaltar das aus Holz geschnitzte Bild dieser Heiligen und trägt eine goldene Maus in der Hand. — Da war einmal ein schlimmes Mäusejahr, so dass kein Bauer ein Körnchen Frucht auf dem Felde behielt. Nun ist, wie bekannt, die heilige Gertrudis die Patronin der Mäuse. Das heisst, man ruft sie gegen die Mäuse an. Wenn die Feldmäuse zu sehr überhand nehmen, so wallfahrten die Bauern hierher, und jeder trägt eine Maus in der Hand, die er auf seinem eigenen Feld gefangen hat. Aber damals, in dem Mäusejahr, von dem wir jetzt reden, da wollte auch das nicht helfen. Da kam endlich ein Landpastor auf den Gedanken, sie möchten eine Maus von geschlagenem Golde opfern, dann würden die andern Mäuse sich wohl verlaufen, wenn sie die goldene Maus in der Hand der Patronin sähen. Und richtig, wie gesagt, so kam es. Seit dem Tage, wo die goldene Maus geopfert wurde, liefen alle Mäuse aus der ganzen Rheinprovinz weg.

[2]) Nur hat diese naheliegende Erklärung das Bedenken, dass eigentlich der Sperber, nicht die Maus oder Spitzmaus das Thier des Horus ist; ferner dass eben eine Maus auf der Hand eines Gottes garnicht in den Gedankenkreis der alten Aegypter hineinpassen will. Endlich ist es doch auch wohl gar nicht so sicher, dass die Maus wirklich dem Horus heilig war.

nicht der jüdische Bericht von einer plötzlich hereinbrechenden verderblichen Pest redete, würde vermutlich kaum jemand auf den Gedanken verfallen sein, dass Herodots Erzählung besagen wolle, das assyrische Heer sei durch die Pest zum Rückzug gezwungen worden [1]).

Wie steht es denn nun mit diesem jüdischen Bericht? Dass derselbe von einer plötzlich auftretenden furchtbaren Pest redet, ist gewiss. Wie Jahve in der Nacht Aegypten mit schwerer Pest schlug (הכה ויהוה הלילה בחצי ויהי Ex. 12 29), dem משחית aber verbot, Israel heimzusuchen; wie er zu Zeiten Davids seinen מלאך המשחית sandte, dass er Israel zur Strafe für Davids Volkszählung »schlug« (הכה II Sam. 24 17) und zwar, wie ausdrücklich bemerkt wird, mit der Pest (דֶּבֶר), so heisst es auch hier, dass in jener Nacht der מלאך יהוה d. h. der Jahve untergebene Pestengel, der משחית (der frühere Pestgott oder Pestdämon), im assyrischen Heer 185,000 Mann »schlug«. —

Schon die hier angeführten Stellen zeigen mit Deutlichkeit, dass die Pest als ein klares Zeugnis des directen göttlichen Zorns aufgefasst wurde. Wenn nach der Volkszählung Davids eine schwere Pest ausbrach, so konnte das Volk das nur so deuten, als ob damit die Gottheit ihren schweren Zorn über des Königs Vermessenheit kundgeben wollte, die in der Volkszählung sich zeigte. Desgleichen war nach dem Auftreten der Pest bei den Aegyptern kein Zweifel mehr, dass die ihnen feindliche Gottheit der Israeliten zum Aeussersten entschlossen war, man also um des eigenen Lebens willen jetzt nachgeben musste.

Wie der Aussatz des einzelnen so wird die Pest eines Volks als unmittelbare göttliche Strafe empfunden. Darum erscheint die Pest gerne neben der Hungersnot und dem Auftreten der wilden Tiere als ganz besondere Aeusserung göttlichen Zorns bei den Propheten (Amos 4 10. Jer. 24 10. 29 17. 34 17. Ez. 7 15. 14 21 u. ö.). Gewiss wird Gott sich gleichfalls des Schwertes be-

---

[1]) Auch der Hinweis auf einen von Robert Koch in der »Deutschen Gesellschaft für öffentliche Gesundheitspflege« am 8. Juli d. J. gehaltenen Vortrag, nach dem »die Ratten eine ganz aussergewöhnliche Empfänglichkeit für die Pest haben, und diese eigentlich eine Rattenkrankheit war« vermag die Behauptung, dass die Maus Symbol der Pest sei, nicht zu erhärten, wie Dr. Muchau (Tägliche Rundschau 1898, Unterhaltungsbeilage S. 770f.) es anzunehmen geneigt ist.

dienen zum Gericht und so wird חרב häufig neben jenen Plagen in Aussicht gestellt — aber während bei jenen Plagen menschliche Vermittlung ausgeschlossen, damit also unzweifelhaft ein directes göttliches Eingreifen gegeben war (II Sam. 24. Ex. 12), so konnte doch bei kriegerischen Niederlagen der Gedanke an die göttliche Thätigkeit wo nicht ganz, so doch sehr stark in den Hintergrund gedrängt werden. Wenn demnach ein unzweifelhaftes schreckliches Gericht einem Manne oder einem Volk in Aussicht gestellt wird, da erscheint das Schwert ausgeschlossen. So heisst es von Antiochus באפס יד ישבר (Dan. 8 25) und Elihu sagt, der Starke werde plötzlich בלא יד (Hiob 34 20) hinweggenommen. Schwere Krankheit, plötzlicher Tod, das sind besondere Zeichen göttlichen Zorns — für grössere Menschenmassen kommt hier natürlich ansteckende Krankheit, Pest und Seuche in Frage. Sollte also ein Gottesgericht an Assur vollzogen werden, so konnte das am besten durch eine schreckliche Seuche geschehen. Dass aber unsere ganze Erzählung nicht politische Geschichte geben, sondern darstellen will, wie die schwere Gotteslästerung des Sanherib der Ankündigung Jesajas entsprechend bestraft worden ist, scheint mir deutlich genug. Absichtlich wird seine Lästerung, die den Götzen gegenüber erlaubt, im Hinblick auf Jahve aber ungeheuerlich ist, so stark hervorgehoben, ja Gott geradezu schriftlich vorgelegt. Darum der Brief anstatt der mündlichen Rede der Boten. Von hier aus wird auch der Schluss der Darstellung zu beurteilen sein. Ein so furchtbares Vergehen kann nur durch eine offene, schwere Heimsuchung von seiten Gottes gerächt werden. Da wird jedermann erkennen, dass Jahve ein אלהים חי ist, den man nicht ungestraft lästern kann. Ob Sanherib nach dieser Katastrophe noch heimkehrte oder nicht, ist für diese Erklärung gleichgiltig. Sie hat mit Jes. 37 35 ihren naturgemässen Schluss. Es ist gut möglich, dass die Tradition von dem vergeblichen Ueberrumpelungsversuch des Sanherib (C. 36) in dem Munde des jüdischen Volks die Form angenommen hat, dass Gott, der den Sturm gegen Jerusalem als Lästerung seiner selbst empfunden, durch die Pest rettend für sein Volk eingetreten sei. Von diesem Gesichtspunct aus konnte die Erzählung, dass Sanherib bei dem Herannahen des Tirhaka, ohne Jerusalem erobert zu haben, in sein Land zurückgewichen und dort dann von seinem Sohne ermordet worden sei, kaum genügen; viel weniger noch etwa die Angabe, welche den Assyrerkönig durch einen hohen Tribut von seiten des Hizkia zufrieden gestellt werden lässt. Das Missgeschick, welches Sanherib ohne Zweifel traf, muss ein schwereres und grösseres gewesen sein. Welcher Art man es sich denken musste, lässt sich nach obigen Bemerkungen leicht ersehen. Auf die Seuche konnte man doch auch gar zu leicht durch jesajanische Worte selbst geführt werden. Hatte Jesaja gesagt, dass Gott den Feind in seinen Bergen, also in Juda zertreten werde (Jes. 14 24ff. 17), dass er seinen Sturm auf Jerusalem durch göttliches Gericht aufhalten (10 27ff.) und ein furchtbares Exempel statuieren werde (30 27ff.), so war doch der Abzug des Königs nach Ninive und seine Ermordung daselbst keine Erfüllung dieser Worte! Nein, die assyrische Heeresmacht musste zerschlagen worden sein und zwar in Judäa, bevor sie die Thore von Jerusalem erreichte! Demnach stimmt auch die Gesandtschaft des Rabšake nicht recht mit der jesajanischen Anschauung. Denn da schimmert doch die Erinnerung an eine Blockierung oder wenigstens bewaffnete Beobachtung der Stadt in dem חיל כבד, der den Feldherrn begleitete, ziemlich deutlich durch, — und doch sollte Jerusalem sicher wohnen 14 32, der Feind vielleicht seine Hand aus der Ferne schwingen, nicht aber die Stadt selbst berühren (Jes. 10 32)! »Nicht soll er einen Pfeil hineinwerfen, noch mit einem Schild ihr entgegentreten« Jes. 37 33. So tritt das Schreiben an Stelle dieser Heeresabteilung. Wie man sich unwillkürlich durch Jes. 37 35 an Jes. 31 5 erinnert fühlt, so liegt es doch sehr nahe V. 36 mit 31 8a ונפל אשור בחרב לא איש וחרב לא אדם תאכלנו zusammenzustellen (so auch Duhm) und zu fragen, ist nicht am Ende diese positive Darstellung aus jener Weissagung erwachsen? Ist es nicht durchgehende jesajanische Anschauung, dass Gott selbst ohne Vermittlung der Menschen sein Strafgericht an Assur vollziehen werde (Jes. 10 5ff. 14 24ff. 28ff. 17 12—18 6. 30 27ff.)? War nicht die Pest selbst als Strafe für Assur durch Jes. 10 24 an die Hand gegeben? Ja noch mehr: in einer Nacht musste der Umschwung sich vollziehen: לעת ערב והנה בלהה בטרם בקר איננו זה חלק שוכינו וגורל לבזזינו sagt der Prophet 17 14. Es ist ja fast, als sei das die Unterschrift zu Jes. 37 36! Wie leicht konnte also der Abzug des Sanherib unter dem Einfluss der prophetischen Reden sich also formen.

Es soll damit natürlich nicht die Möglichkeit geleugnet

werden, dass wie andere Heere so auch das assyrische des Sanherib durch eine — vielleicht in ihrer plötzlichen Wirkung im Bericht stark übertriebene — Pest hätte zum Rückzug gezwungen werden können. Nur ist der Bericht des Herodot dafür keine Stütze; die assyrische Darstellung Sanheribs weiss nichts davon. Nun, die schweigt auch von anderem, was sie verschwiegen wissen will. Aber auch die anderen israelitischen Erzählungen bieten nichts Derartiges. Und es macht sich doch Jes. 37,36 gegenüber 37,9a u. 37 wie die wundersüchtige Vergrösserung einer einfachen historischen Thatsache, die der religiöse Sinn ohne Beimischung eines auffallenden Wunders nicht genügend als göttliche That anzuerkennen imstande war. Und zu dieser Aufbauschung und Umbiegung konnte man in Weissagungen, welche auf Jesaja zurückgeführt wurden und die man nicht unerfüllt denken konnte, Anlass genug finden [1]). Bei solcher Entstehungsweise erklärt sich etwas anderes leicht, was den Erklärern Not genug machte. Wo fand diese Katastrophe statt? Der Bericht sagt es nicht. Nur natürlich nicht dicht vor Jerusalem. Denn bis dahin soll ja der Feind nicht vordringen. Aber gewiss im heiligen Lande. Beides hatten Weissagungen des Buches Jesaja ausgeführt. Er mag seine Faust gegen Jerusalem schwingen, es aber nicht erreichen (10,27ff.) [2]). Aber in Judäa wird das Gericht stattfinden (14,27ff. 17). Der Mangel an concreten Angaben in B.³, erklärt sich, wenn man bedenkt, dass weder Jesaja noch etwa die geschichtliche Ueberlieferung dem Verf. etwas Greifbares boten [3]).

---

[1]) Schon Gesenius (S. 975) hält es für möglich, dass »jesajanische Orakel Einfluss auf die mythische Gestalt dieses Ereignisses gehabt haben«. Weiter geht Sörensen (a. a. O. S. 22), ohne aber der Sache gründlicher nachzuforschen.

[2]) Die Behauptung von Volz (die vorexilische Jahveprophetie und der Messias 1897 S. 43), dass nach 31,9 Assur an der Stätte des Gerichts (Jerusalem) zu Grunde gehen soll, ist doch sehr anfechtbar. Auch 30,30ff. spricht nicht vom Gericht vor Jerusalem. Wenn Josephus (Antiq. X. 1. 5) Sanherib von Aegypten nach Jerusalem zurückkehren und dort gleich in der ersten Nacht der Belagerung sein Heer durch die Pest verlieren lässt, so legt er etwas in B.³ hinein, was dieser nicht sagt.

[3]) Auch die Entstehung der Angabe, dass in einer Nacht 185,000 Mann an der Pest starben, erklärt sich dann recht einfach. Krankheit (Pest) wie Krankheitsdauer (eine Nacht) waren gegeben. Nun sollte aber die ganze assyrische Heeresmacht nach Jesaja mit einem Schlage

Gewiss, um nun zur Frage nach der Entstehungszeit zurückzukehren, führen uns alle diese Erwägungen weit unter die Zeit des Jesaja, es fragt sich, ob sich die Entstehung dieses Referates noch genauer feststellen lässt [1]). Dass wir nicht über die Zeit des Deuteronomiums hinausgehen dürfen, ja wohl am besten in die Nähe von Deuterojesaja gehen müssten, war oben schon bemerkt. Etwas weiter führt uns vielleicht das literarische Verhältnis. Duhm vermutet [2]), dass Jes. 37 9bff. u. 38 f. von demselben Verfasser herstammen. Ich glaube, dass seine Vermuthung das Rechte trifft. Nicht blos dass das Auftreten des Jesaja, der alles weiss und sieht, ohne unterrichtet zu sein, der als ein grosser Herr nicht zum König kommt, sondern nur schickt u. s. w., ganz zur Schilderung seiner Persönlichkeit in 38 und 39 passt: auch in unserem Abschnitt ist der Einfluss der deuteronomischen Schule unverkennbar, wie nicht nur das Gebet des Hizkias, sondern auch die Worte: למעני ולמען דוד עבדי deutlich verraten. Ja nach Dillmann [3]) »blickt hier der Verfasser des Königsbuches deutlich durch«. Nun weist aber auch nichts darauf hin, dass wir etwa eine nur gelegentlich von D mit deuteronomischen Wendungen versehene, dem Deuteronomisten selbständig vorliegende Quelle hätten, vielmehr ist eine Volkserzählung von einem Anhänger der deuteronomischen Schule schriftlich aufgesetzt. Dieselbe bietet eine selbständige Parallele zu II Kön. 18 14—16 und II Kön. 18 17—19 9a. Es ist nun nicht wahrscheinlich, dass D^2 zu II Kön. 18 14—16. II Kön. 18 17—19 9a eine Darstellung verfasste, die seinen ihm vorliegenden Quellen so stark widersprach, dagegen leicht erklärlich, dass er

---

vernichtet werden. So musste man ohne Rücksicht auf die Möglichkeit oder Wahrscheinlichkeit der Sache eine recht hohe Zahl (185,000) angeben, die augenscheinlich die Gesamtmasse des assyrischen Heeres betragen soll. Keiner soll der Ruthe Jahves entflohen sein.

[1]) Auf die von Winckler (a. t. Untersuchungen S. 40) gemachte Bemerkung, dass der Verfasser zu den in B.² erwähnten Städten (doch s. u.) noch Gozan, Haran, Reseph und Bene-Eden hinzugefügt habe, Provinzen und Städte, »die schon seit Jahrhunderten als fester Bestand zum assyrischen Reiche gehörten«, legen wir kein Gewicht, da sie zwar beweist, dass der gelehrte Verf. den Ereignissen recht fern stand, aber eine genauere Datierung nicht ergiebt.

[2]) a. a. O. S. 252.   [3]) a. a. O.⁶ S. 327.

sie seinem Werke einverleibte, wenn er sie schon vorfand und etwa als einen 2ten Versuch Sanheribs, sich der jerusalemischen Hauptstadt zu bemächtigen auffasste. Es ergiebt sich also das gleiche Resultat wie bei C. 38 f. d. h. wir haben es mit dem gleichen Verfasser zu thun. Damit ist aber auch für 37 9bff. der Zeitraum gegeben. Die Erzählung ist nachdeuteronomisch aber nicht nachexilisch; denn sie lag dem letzten R. des Königsbuchs schon vor. Dieser aber ist dem Exil zuzuweisen. Vielleicht trifft man das Rechte, wenn man D^2 (den deuteronomischen Redactor des Königsbuches aus der Zeit der Verbannung) für den Einsatz des Liedes Jes. 37 22—29, für die Umstellung von 30—32 und die Einfügung von 34 verantwortlich macht. Auch ist ihm wohl 38 6 u. 39 8b zuzuschreiben.

Ist diese Datierung richtig, dann haben wir den frühesten festen Punct, ausserhalb der jesajanischen Reden selbst, für die zeitliche Feststellung einiger Reden im Buche Jesaja. Der Verfasser will doch jedenfalls seinen Propheten jesajanisch reden lassen. Dann aber galt ihm Jes. 9 1ff. als jesajanisch und war jedenfalls zu seiner Zeit vorhanden. Denn er citiert ja den Schluss jenes Wortes זאת תעשה יהוה קנאת [1]) Jes. 37 32. Desgleichen ist die Anspielung auf Jes. 2 3b in demselben Verse doch zu deutlich, als dass man hier mit der Annahme eines Zufalls auskäme [2]). Auch Jes. 2 2ff. galt demnach zur Zeit des Exils als jesajanisch. Weiter ergiebt sich, dass der Gedanke eines in Jerusalem verbleibenden Restes, von dem aus der Neubau des judäischen Staates vor sich gehen sollte, dann gleichfalls nicht erst nachexilisch ist; er galt vielmehr — und ich meine mit Recht — schon in der exilischen Zeit als jesajanisch, wenn auch die Ausdrücke פלטה und שארית nicht jesajanisch sein mögen. Damit ist ein Ferneres gegeben. Man hat in neuerer Zeit vielfach behauptet, dass Jesaja niemals die Unverletzlichkeit Jerusalems ausgesagt habe. Alle die Weissagungen, die darauf hinzielen, sollen Einarbeitungen des nachexilischen Judentums sein. Ist die Datierung unserer Abschnitte richtig, so führen sie zu

---

[1]) Dass etwa umgekehrt 9 6 aus Jes. 37 32 stamme, halte ich für unannehmbar. Die Beziehung von 37 32 zu 9 6 scheint Volz a. a. O. S. 59 entgangen zu sein.

[2]) Ebenso wenig glaube ich, dass II Kön. 21 13 in den eigentümlichen Ausdrücken קו und משקלת zufällig mit Jes. 28 17 zusammentrifft.

dem entgegengesetzten Schluss. 37$_{35}$ giebt die Worte von 31$_5$ wieder und 37$_{36}$ bietet die Erfüllung von Jes. 31$_8$ und 10$_{24}$. Es lag also in exilischer Zeit 31$_5$, wohl auch 31$_8$ vor, und man hielt 31$_5$ für jesajanisch. Das Auftreten des Jesaja hier und 37$_6$ gründet sich doch auf den Glauben, sagen wir vielleicht besser die Tradition, dass Jesaja seiner Zeit dem Sanherib gegenüber die Uneinnehmbarkeit Jerusalems ausgesprochen habe. — Wer aber den von mir oben ausgeführten Gründen über die Umänderung der Sanherib-Katastrophe in B.³ Beifall zollt, wird wohl noch etwas weiter gehen. Der wird annehmen, dass für diese Ausbildung der Volkssage nicht blos Jes. 31$_8$, sondern auch Jes. 17$_{12}$—18$_6$. Jes. 10$_{24}$. 10$_{27}$ff. 14$_{24}$ff. bedeutungsvoll gewesen sind, ohne dass allerdings damit die Meinung jesajanischer Abkunft (ebenso wenig wie von 10$_9$ vgl. 37$_{13}$) aller dieser Abschnitte erwiesen wäre. Jedenfalls glaube ich, dass man zum Schaden der Sache bei der Behandlung des Jesaja diese Abschnitte nicht genügend zu Rathe gezogen hat.

Vielleicht kann Jes. 37$_{10}$—39 uns auch nach einer anderen Richtung etwas weiter bringen. Wir haben es hier mit einer kleinen Sammlung von Jesajageschichten zu thun. Duhm sagt in der Einleitung zu Jes. 36—39: »Sie (C. 36—39) sind nicht von Jesaja, überhaupt nicht von einer Hand geschrieben. Dass die Quellen, aus denen sie genommen sind, wesentlich Prophetengeschichten enthielten, liegt auf der Hand; alles was hier erzählt wird, wird Jesajas wegen erzählt. Es wäre denkbar, dass auch 7$_1$—17 und C. 20 einmal in diesen Schriften zu finden waren. Prophetenbiographieen sind überhaupt viel geschrieben worden, wie ausser den BB. Samuelis, Könige und Chronika, auch das B. Jeremia zeigt. Zielt der Chroniker mit seiner Bemerkung (II, 26$_{22}$), dass Jesaja die ersten und letzten Dinge Usias beschrieben habe, nicht blos auf die den Usia betreffenden Abschnitte in II Kön., sondern auf eine selbständige Schrift, so könnte diese recht wohl in Verbindung mit einer der Quellen, aus denen Jes. 36ff. herrührt, gestanden und etwa eine sagenhafte Jugendgeschichte unseres Propheten enthalten haben. Solche Prophetenleben sind im allgemeinen als älter anzusehen als die jetzigen Bücher Jesaja, Jeremia und Dodekapropheton; sie gehören der sozusagen vorkanonischen Periode an, in der man noch nicht in dem Grade wie später auf den Inspirationscharakter und den theologischen und besonders eschatologischen Gebrauchswert des »Wortes« aufmerksam geworden war, sondern sich an den Erzählungen und Wundersagen als solchen erbaute, was freilich die spätere Zeit auch noch that.«

Es fragt sich: kann man annehmen, dass Stücke wie Jes. 7 und 20, vielleicht auch andere Teile, die ursprünglich in historischem Zusammenhange haben stehen sollen (Hackmann, Brückner), einst diesem Buche angehörten [1])?

Wie sich im Kreise der Prophetenjünger, mit denen es Elisa zu thun hatte, bald das Bedürfnis herausgestellt haben wird, die Erzählungen über wunderbare Thaten und Erlebnisse des Mannes zu sammeln und weiterzugeben; wie es natürlich ist, dass die Figur des Propheten durch die Thätigkeit der Volkssage bald über die Wirklichkeit hinauswuchs, und man diesen Kreis erweiterte und etwa auch schriftlich festlegte [2]); wie das bei Jeremia gleichfalls der Fall war, so ist das gewiss auch von vorneherein bezüglich des Jesaja anzunehmen. Dabei ist es natürlich, dass die Propheten leicht etwas verzeichnet, dass sie mehr als magische Wundermänner, denn als die insonderheit durch die religiössittliche Predigt wirkenden Propheten aufgefasst und dargestellt wurden. Jes. 37 9b—39 bietet uns den Ausschnitt eines solchen Prophetenbuchs. Volkserzählungen über Jesaja sind hier von einem deuteronomischen Schriftsteller verarbeitet worden. Dabei fällt das ganze Interesse auf die Person des Propheten. Wort für Wort, genau bis auf die einzelnsten Kleinigkeiten, wird seine sittlich oft gar nicht begründete Weissagung erfüllt. Wie er das Wunderbarste leistet an Weissagung (Cap. 37 30—35. 38 5. 39 6ff.), so auch an Thaten. Zeichen spielen eine merkwürdige Rolle (Jes. 37 30ff. 38 7ff.). Wir haben doch den Eindruck, dass wir es nicht mit dem Teil einer Sammlung zu thun haben, in der die ungleichartigsten Erzählungen unberührt neben einander Platz gehabt hätten, vielmehr sind die Erzählungen inhaltlich gleichmässig, schriftstellerisch durchaus in gleicher Weise behandelt worden. Passt nun in diesen Kreis Jes. 7 und 20? Es ist be-

---

[1]) Schon Gesenius (S. 271) hat wenigstens eine gewisse Verwandtschaft von C. 7 und 36—39 bemerkt.

[2]) II Kön. 8 4 setzt schon einen solchen, wenn vielleicht auch nur mündlich feststehenden, Erzählungskreis voraus.

kannt, dass de Lagarde ¹) C. 7 einem sehr scharfen, in mancher Beziehung recht unglücklichen Angriff unterzogen hat. Jesaja 7 bietet nach ihm »ein Cento aus echten, aber musterhaft ungeschickt zusammengeflickten Aussprüchen des Jesaja«. Die Absicht des Redactors ist klar genug, er hat eben die buchstäbliche Erfüllung einiger jesajanischer Weissagungen darthun wollen (S. 12 f.). Darnach läge hier dieselbe Tendenz vor, wie sie in der Sanheriberzählung Cap. 37 9b ff. zu Tage trat. Aber noch nach anderer Seite bieten sich Aehnlichkeiten, die schon Gesenius ²) auffielen. Nicht blos dass beiderseits von Jesaja berichtet wird, vielmehr »hier wie dort symbolische Handlungen und Wahrzeichen, wozu er sich selbst erbietet und deren Bestimmung er anderen überlässt (vgl. 20. 37 29. 387)«.

Es erscheint gewiss auffallend, dass nur hier Jesaja (ausser Jes. 37—38) ein אות anbietet. Sollte er wirklich ein Zeichen im Himmel oder in der Hölle, sagt man, zur Wahl gestellt haben? de Lagarde mag ihm eine solche »Schwärmerei« nicht gern zutrauen (S. 10). Es scheint das doch an die Darstellung erinnern, die auf des Jesaja Geheiss selbst den Schatten der Sonne zurückgehen lässt (C. 38). Und nun dies Immanuelzeichen (C. 7)! Ganz abgesehen von seiner Bedeutung: es gleicht doch genau in seiner Art dem Zeichen Jes. 37 30 ff., wo der König an dem Mangel der Ernte in verschiedenen Jahren erkennen soll, dass Gott durch Jesaja geredet, was er doch schon vorher durch Sanheribs Katastrophe erfuhr. So wird auch hier die Vertreibung des ephraimitischen und nordisraelitischen Königs vor der Inkrafttretung des Immanuelzeichens erwartet, welches nach vielen nur als Bestätigungszeichen der jene Vertreibung vorhersagenden Rede des Propheten gemeint ist. Hier wie dort also nach unseren Begriffen (nicht nach hebräischen) überhaupt kein Zeichen. Beide Male bietet der Prophet ³) ein Zeichen an, während man es sich gefallen lässt, wenn er der Fleischesschwachheit seiner Zeitgenossen nachgebend, sich zu Zeichen und Wundern, wenn auch ungern, bewegen lässt. Dazu kommt ein Weiteres: Jes. 7 1 geht gewiss

---

¹) Semitica I. S. 9 ff. Abhandl. der Königl. Gesellschaft der Wissenschaften, Göttingen 1878.

²) a. a. O. vgl. auch Cheyne, Introduction S. 30.

³) C. 7 10 ist wohl ויסף ישעיהו st. יהוה ויסף zu lesen (Cheyne, Duhm).

direct oder indirect auf II Kön. 16₅ zurück ¹). Mit Recht hat Kittel Dillmanns gegenteilige Ansicht in Dillmanns neuester Auflage fahren lassen. Der Vers gehört der vorexilischen deuteronomischen Redaction an ²). Demnach wird die Benutzung dieser Stelle in Jes. 7₁ kaum vorexilisch sein (Cheyne a. a. O.). Da nun 37—39 der exilischen deuteronomischen Schule entstammt, ist es anscheinend sehr naheliegend, C. 7 als einen Teil jenes Büchleins aufzufassen, wie es ja denn auch wohl wahrscheinlich ist, dass jene Prophetengeschichten nicht blos von der letzten Zeit des Jesaja gehandelt haben werden. —

Trotzdem ist zu behaupten, dass C. 7 auf keinen Fall derselben Sammlung und Redaction wie C. 37 9b—39 entstammen kann. Ich halte es für gewiss, dass wir C. 7 auf geschichtlichem Boden stehen und wirkliche Worte und Thaten des Propheten vor uns haben. Mag man es auch ableugnen, dass Jesaja selbst, wie Dillmann meint (⁶ S. 62), das Capitel also (abgesehen von einigen geringfügigen Zusätzen wie 7₁. 8b. 22b) hergestellt hat, wie es uns vorliegt, und vielmehr (so schon Gesenius u. A.), die schriftstellerische Arbeit eines anderen, sei es eines Zeitgenossen (Kuenen), sei es eines späteren Bearbeiters annehmen ³): es liegen doch geschichtliche Begebenheiten und jesajanische Worte zu Grunde. Und das allein schon lässt die Zugehörigkeit zu den durchaus sagenhaften Erzählungen Jes. 36—39 unannehmbar erscheinen. Denn hier ist alles legendarisch, so dass wir kaum irgend das Gefühl, geschweige die Sicherheit haben, auf wirklich historischem Boden zu stehen. Wo thatsächlich etwas Geschichtliches in Wort und Ereignis zu Grunde liegen sollte, ist doch die sagenhafte Verarbeitung so stark, dass wenig oder nichts davon erkennbar geblieben ist.

Wie ganz anders C. 7. Wenn Jesaja bei dem drohenden Angriff der Aramäer und Ephraimiten hinauseilt zur Wasserleitung, um dort den Ahas zu treffen, so versteht sich die Besichtigung derselben durch den König genügend aus der Furcht, bei einer Belagerung des Wassers beraubt zu werden. Es wird uns

---

¹) vgl. Cheyne a. a. O. S. 30 f.
²) s. Kuenen, Einleitung² I ² 91.
³) Giesebrecht, Beiträge zur Jesajakritik 1890. S. 89. Brückner a. a. O. S. 39.

der Grund nicht erzählt, weil jeder Zeitgenosse das sofort durchschaute. Nun erhält Jesaja den Befehl, an der Hand des שאר ישוב aufzutreten und dem Könige ein glückliches Ablaufen dieser Gefahr zu weissagen. Nirgends hören wir sonst von einem שאר ישוב. Um so weniger ist an eine Erdichtung zu denken. Was dieser bedeutungsvolle Name aussagt, können wir aus 6 13 schliessen. Wie Jesaja den מהר שלל zum Träger einer Weissagung gemacht hat (8 1f.), so gilt das auch von שאר ישוב. Aber dass diese Weissagung fehlt[1]), und Jesaja hier mit שאר ישוב auftritt, zeigt deutlich genug: hier liegt nicht Erfindung vor. Die Aussage des Jesaja, dass Syrien und Ephraim keinen Fuss breit judäischen Landes sich aneignen würden, traf ein; und wer in voller Verkennung von Art und Wesen der alttestamentlichen Prophetie sich daran stösst — mag das thun. Aber von einer so äusserlich magischen Wahrsagerkunst wie etwa C. 37 9b—39 ist hier gar nicht zu reden. Denn 1) ist 8b, auf Grund dessen de Lagarde so scharf gegen die Verfasser des Capitels zu Felde zieht, fast allgemein als störende Glosse anerkannt. Der Anstoss, dass hier eine genaue Prädiction vorliege, so dass der Prophet genau bis aufs Jahr die vollste Vernichtung Samariens durch den letzten Nachschub von Colonisatoren, etwa 669 (Dillmann-Kitt.), ausgesagt habe, ist damit beseitigt. Was sollte aber sonst an der Weissagung des Propheten Bedenken erregend sein? Es entsprach die Erfüllung der Vorhersage durchaus nicht genau. Damask zwar fiel 732. Aber Jesaja nimmt hier doch augenscheinlich nicht blos eine gleichzeitige, sondern auch eine gleichmässige Bestrafung der 2 Reiche an. Soll demnach gesagt werden (8 a. 9 a), dass Samarien und Damask ihren alten Bestand bewahren, nur keine Gebietserweiterung erfahren sollen, so ist das weder bei Damask (Syrien wurde 732 aufgelöst) noch bei Ephraim zutreffend (Samarien wurde verkleinert II Kön. 15 29). Will man aber V. 16 nicht blos von Verwüstung, sondern von voller Auflösung und Entvölkerung verstehen, so traf das wieder auf Samarien nicht zu. Dessen Geschick wurde erst 722 besiegelt. Jedenfalls erwartete Jesaja das früher und sicher mit Damask zugleich. Das ist

---

[1]) Vgl. zu mehreren Söhnen des Jesaja mit bedeutungsvollen Namen 8 18.

aber nicht geschehen. Ein späterer Erfinder hätte das gewiss alles ganz anders dargestellt. — Endlich ist die Aehnlichkeit zwischen dem אות in C. 7 und C. 37. 38 doch nur äusserlich. Dass Jesaja überhaupt sich vermisst, dem König ein Wunder anzubieten, ist ganz und gar nicht verwunderlich; verwunderlich ist vielmehr, dass moderne Exegeten sich darüber haben verwundern können zum Zeichen, dass sie den alttestamentlichen Propheten in ihrer Eigenart durchaus nicht gerecht werden können. Zu dem Bewusstsein des Propheten gehört die unumstössliche Gewissheit, dass er imstande ist, in Gottes Namen Wunder zu thun wie die Zukunft zu enthüllen. Mag man das »Schwärmerei« nennen; das thut nichts zur Sache. Jedenfalls haben wir gar keinen Grund, weil uns dies Benehmen des Jesaja etwa unbegreiflich erscheint, deshalb die Geschichtlichkeit des Vorganges anzugreifen. Aber dass Jesaja hier ein Zeichen anbietet, ist durchaus gut begründet. C. 37 und 38 erscheint er mehr als Zauberkünstler, der gern mit Zeichen sich hervorthut, ohne dass ein innerer Grund geltend zu machen wäre. Aber C. 7 hängt doch alles davon ab, dass Ahas zum Glauben an Jahve und zum Aufgeben der Absicht, ein assyrisches Bündnis einzugehen, bewogen wird. Um das zu erreichen, greift der Prophet zu einem letzten ausserordentlichen Mittel. Er bietet ihm ein göttliches Wunder an, um seinem schwachen Glauben eine Stütze zu geben. Und als Ahas, nicht im Zweifel an des Jesaja Wundermacht, sondern an Jahves Hilfskraft, das Wunder ablehnt, droht der Prophet mit dem Immanuelzeichen. Dies Immanuelzeichen selbst aber, so umdeutet es auch sein mag, kann nimmermehr als spätere sagenhafte Erfindung angenommen werden. Es wäre vollkommen unverständlich, wie jemand sich dies Zeichen sollte erdacht haben, um so mehr da das, was dies Zeichen jedenfalls voraussetzt, sich nicht erfüllt hat. Es ist nämlich das Gegenteil vom Berechtigten, wenn Bredenkamp sich besonders etwas darauf zu gut thut, dass er den Immanuel aus der Verwicklung mit dem syrisch-ephraimit. Kriege entnommen habe. Der Prophet sieht in irgend einer Weise eine vollkommene Verwüstung Judäas, wesentlich wohl durch das assyrische Heer bewirkt[1]), voraus und rechnet auch irgendwie damit, dass die

---

[1]) Wenn anders Duhm mit Recht V. 18 אש־ בקצ־ יא־ר־ מצר־ים und אש־ בא־ץ אשור als erklärende Glossen ausscheidet.

Jugendzeit des Immanuel, dessen Geburt gewiss als dicht bevorstehend zu denken ist, durch die von dieser Verwüstung verursachte Heimsuchung werde berührt werden. Das alles aber hat sich nicht erfüllt. Um so mehr Grund, hier nicht eine Dichtung späterer Zeit anzunehmen.

Endlich ist ja nicht zu verkennen, dass C. 7 vielfach glossiert, ja wohl von 21 ff. an stark redactionell überarbeitet worden ist. Aber diese Glossen lassen sich leicht abscheiden. Und auch die Ueberarbeitung von 21 ff. an ist in keiner Weise zu vergleichen mit der schriftstellerischen Thätigkeit des Deuteronomisten, dem wir C. 37—39 verdanken. Da ist alles aus einem Guss. Da haben wir den Eindruck, dass der Verfasser umlaufende Sagen schriftlich fixierte; hier aber, dass schriftliche Worte und Denkmäler vorlagen, welche wohl glossiert, auch überarbeitet werden mochten, die aber doch nie ganz verschlungen werden konnten. Mag man diese Redaction auch selbst auf Grund von 7₁ bis ins Exil hinabrücken; mag man behaupten, dass 7₁ später aus II K. 16 ₅ hierher verpflanzt und an Stelle des wohl ausführlicheren ursprünglichen Textes, der am Kopf des Capitels stand und unleserlich geworden war (Cheyne), gestellt sei, oder mit Duhm, der wegen der Glosse 8b, die von der letzten Colonisation des Nordreichs reden soll, von der man im Exil kaum etwas gewusst habe, die Redaction etwa um 650 annehmen: jedenfalls hat sie mit der von C. 37₉bff. nichts zu thun. Gewiss bekommt man immer wieder den Eindruck, als sei Capitel 7 irgend einem Buche von Jesajageschichten entnommen. Und es scheint mir nicht wahrscheinlich, was bei Dillmann auch noch in der neusten Auflage angenommen wird, dass das Capitel so von Jesaja selbst verfasst ist und zwar für dies Buch, welches wir besitzen. Man meint doch einen dritten über Jesaja reden zu hören. Selbst wenn Brückner[1]) recht haben sollte mit der Behauptung, dass wir hier einen Bericht, eine Erzählung aus des Propheten Feder hätten, die der Sammler etwa des Jesaja Tagebuch entnommen hätte, so würde ihm doch wohl die Umwandlung von der ersten in die 3te Person zugewiesen werden müssen. Jedenfalls mag Jes. 7 auch einem Buch über den Propheten entnommen sein: mit Jes. 37—39 hat es nichts zu thun. —

---

[1]) a. a. O. S. 39.

Mit einer geschichtlichen Einführung ist auch C. 20 versehen. So tritt auch hier die Frage auf: ist das Capitel einem Prophetenbuch entnommen? Etwa dem Buch, das Jes. 37—39 enthielt? Auch hier könnte man auf einen der sagenbildenden Kraft des israelitischen Volkes entstammenden Zug hinweisen. Die Späteren konnten sich die Propheten wohl kaum ohne Prophetentracht und äussere prophetische Geberden denken (vgl. Sach. 13 4f. II Kön. 1 8. Hebr. 11 37). So erscheint es hier V. 2 als selbstverständlich, dass Jesaja einen שק trug, welchem wohl der שער אדרת an jenen erwähnten Stellen entspricht. Aber es ist bedenklich, gerade aus V. 2 einen Schluss bezüglich der Herkunft und des Charakters von C. 20 zu ziehen. V. 2 bietet nämlich mancherlei Anstoss. Nicht blos das späte ביד, nicht auch die Ungeschicklichkeit, dass eine an Jesaja gerichtete Rede als בידו vermittelt dargestellt wird: vielmehr nimmt V. 2 an, dass bei dem Beginn der Belagerung von Asdod der betreffende Befehl Jahves an den Propheten erging; diese Belagerung hat aber nicht lange gedauert. Nach V. 3 ist dagegen Jesaja schon 3 Jahre, also seit Beginn der Empörung, in Jerusalem in dem von Gott befohlenen Aufzug einhergegangen [1]). Die Auskunft V. 2 als Parenthese zu nehmen: damals hatte Jahve gesagt . . . und er hatte dementsprechend gehandelt (Di. [6]) ist unzulässig. Denn das בעה ההיא kann ja nur auf die Zeitbestimmung von V. 1 nicht auf 3 Jahre vorher gehen. Aber hier wie C. 7 scheidet sich die spätere redactionelle Zuthat (V. 2) klar und deutlich ab. Im übrigen stehen wir auch hier auf geschichtlichem Boden. Es ist die einzige sinnbildliche Handlung, die von Jesaja in seinen Reden berichtet wird, wie C. 7 das einzige אות. Aber darum ist gar kein Grund, an der Thatsache seines Auftretens in diesem Zustande zu zweifeln. Ja, es ist kaum anzunehmen, dass spätere sich das ausgedacht haben sollten; dass die spätere Sage es erzählt haben würde, ein Jesaja sei so auffällig in Jerusalem herumgelaufen, ist kaum zu glauben. Wie sehr man sich wohl bald an den derben Ausdrücken stiess, zeigt die decentere Rede ערות מצרים für שֵׁת V. 4 (Duhm). Unmöglich konnte solche Zeit auf den für sie unfassbaren Gedanken kommen, dass der Prophet 3 Jahre lang in einer so unanständigen Tracht umher-

---

[1]) Vgl. überh. Duhm a. a. O. zu der Stelle und Cheyne a. a. O.

gewandert sei. Dazu kommt ja, dass, mag auch Jesaja seinen Zweck erreicht haben, nämlich den, das mit Aegypten eingegangene Bündnis (K. J. B. II. 65) vermittelst dieser Entsetzen erregenden, durch sein Einhergehen in der dürftigen Kleidung eines Gefangenen in ihrer Wucht noch verstärkten Weissagung rückgängig zu machen: in Erfüllung ist das Wort nicht gegangen. Es kam im Jahr 711 nicht zu einem Zusammenstoss zwischen Aegypten und Aethiopien auf der einen, Assur auf der anderen Seite. Es hat sich nicht erfüllt, dass Sargon Jünglinge und Greise von Miṣraim und Kusch nackt und barfuss vor sich her in die Gefangenschaft trieb. Auch hier haben wir es also nicht mit einem dem Jesaja aufgebürdeten Thun und Reden, sondern mit guter Geschichte zu thun. Darauf führt auch die hier in der Bibel einzige Erwähnung des Sargon und seiner Eroberung von Asdod. Auch das widerrät die Annahme späterer Entstehung. Mag das Capitel auf eine Aufzeichnung des Propheten selbst oder eines Zeitgenossen zurückgehen: mit Jes. 37,9b—39 hat es sicher nichts zu thun. Nun hat man neuerdings noch mehr Abschnitte geschichtlicher Art in unserem Jesajabuch entdeckt. Hackmann[1]) spricht bei Cap. 28 die Vermutung aus, dass auch andere Teile in Jesaja mit kurzer geschichtlicher Einleitung versehen waren wie C. 7 und 8. Der Prophet selbst habe ein Schriftchen entworfen, »etwa in der Art von C. 6 oder 7,1—8,16 worin er eine kurze Darstellung bestimmter Zeitereignisse als Hintergrund für die ihm damals zu teil gewordenen Offenbarungen und ein Bild des Kampfes um diese Offenbarungen bot«. Aus dem Zusammenhange dieses Buches sollen dann die echtjesajanischen Reden gelöst worden sein, die sich in 28—32,8 finden. Sie seien mit anderem nichtjesajanischen Material verarbeitet worden. Diese Gedanken hat nun Brückner zum Gegenstand einer eingehenden Untersuchung gemacht[2]). Nach ihm gehören dem jesajanischen, etwa um 703 geschriebenen Tagebuch an: 28,7—13. 14—22. 29,1—3. 4a. 7. 9f. 13f. 15. 30,1—5. 6f. 8—17. 31,1—4. 9—14. Sie sind dann aus dem Zusammenhange herausgebrochen und mit Zuthaten verschiedener Art versehen worden.

---

[1]) a. a. O. S. 47 f.
[2]) In seiner schon erwähnten Dissertation: die Composition des Buches Jesaja 28—33. 1897.

Die meisten derselben gehen auf einen Mann zurück, der etwa um 180 lebte. Von ihm stammen 28₅f. ₂₃—₂₉. 29₅—₈. ₁₁f. ₁₆—₂₄. 30₁₈—₂₆. 31₅—₉. In ähnlicher Weise sollen dann auch Teile der ersten Capitel des Jesajabuchs zusammengesetzt sein. — Wenn diese Aufstellungen thatsächlich zutreffend sein sollten, so wäre natürlich eine Entnahme aus unserem Buche ausgeschlossen. Denn hier handelt es sich um Stücke aus einem Originaltagebuch des Propheten, an welche sich dann spätere jüdische Zuthaten anderer Art angehängt haben sollen, während Jes. 37 9b—39 doch einheitlich gehaltene Stücke bieten, die nichts ursprünglich Jesajanisches enthalten, aber auch nichts, was irgend wie als Machwerk des nachexilischen, gar makkabäischen Judentums anzusehen wäre. Wenn nun auch eine nähere Untersuchung von 37 10ff. ergiebt, dass die als nachexilisch, ja als makkabäisch angesprochenen Abschnitte (10₂₀—₃₄. 14₂₄—₂₆. 14₂₉—₃₂. 28₅f. ₁₆. 29₅—₈. ₁₆—₂₄. 30₁₈—₂₆. 31₅—₇) wenigstens teilweise zur Zeit der Entstehung von B.³ schon vorhanden und wirksam waren, vielleicht gar als jesajanisch galten, wie oben dargethan wurde, so ist allerdings das gewiss, dass die C. 28 ff. keinen einheitlichen, vielmehr durchaus den Eindruck von zusammengearbeiteten oder überarbeiteten Stücken machen. Mag die Meinung über die Zeit der Capitel, über die Authentie der einzelnen Teile auch noch so sehr auseinandergehen: das wird man den Neueren zugeben müssen, dass sei es zeitlich oder literarisch oder inhaltlich nicht Zusammengehöriges hier ineinander gewebt wurde. Das Gegenteil gilt von C. 37 9b—39. Schon hieraus lässt sich entnehmen, dass wir es nicht mit Teilen desselben Buches zu thun haben. Und wenn nun kleinere Stücke in C. 28 f. nach Brückner als dem Tagebuch des Propheten selbst entnommen zu gelten haben, so wird niemand bezügl. C. 37 9b—39 im Ganzen oder hinsichtlich einzelner Teile im Ernst eine gleiche Behauptung wagen.

III. II Kön. 18, 13—16.

¹³ ....ᵃ עלה סנחריבᵇ מלך אשור על כלᶜ ערי יהודה הבצרות

---

13. a. Die Worte בארבע עשרה שנה למלך חזקיהו gehören nicht der Quelle, vielmehr der deuteron. Redaction an, das zeigt 1) die chrono-

ויתפשם[d]: 14 וישלח חזקיה אל מלך אשור[e] לכישה[f] לאמר

logische Einordnung (vgl. V. 9 dem entsprechend Jes. 36₁ wohl mit Recht noch ein ויה־ voranschickt), 2) die Namensform חזקיהו, st. חזקיה der folgenden Verse, 3) der Ausdruck למלך חזקיהו st. להזקיה מלך יהודה V. 14. Demnach ist die Zeitbestimmung nicht für die frühere (etwa unter Sargon) anzusetzende Datierung von 14—16 (so Kleinert, St. u. Kr. 1877. S. 635 ff.) zu verwenden. Sie entstammt der Berechnung des deuteron. R. der die in C. 20 gegebenen 15 Jahre von den ihm ebenfalls anderswoher stammenden 29 Regierungsjahren des Hizkia abzog. So blieb 14. In dies Jahr fällt nach R. der Angriff des Sanherib. b. nach Kleinert spätere Einschaltung (a. a. O.), urprl. habe nur מלך אשור gestanden. סנהריב sei ein späterer von R. gegebener Einsatz. Sargon sei gemeint. Aber augenscheinlich beginnt mit V. 13 eine Erzählung. Da konnte der Eigenname des assyrischen Königs noch weniger fehlen wie der des israelitischen. Darum soll nach Kloster. vielmehr fälschl. סנהריב st. ס־גון verschrieben sein. c. כל fehlt Gr. u. Syr. d. dieser Vers wird zunächst nach Stade nicht zu 14—16, sondern zu 17 ff. genommen, sodass 14—16 eine Einschaltung in 13. 17 ff. sei. Dass in Jes. 36₁ff. zwar V. 13, aber nicht 14—16 wiederkehren, ist gewiss kein Grund für solche Scheidung. Denn der Sammler in Jes. entnahm ja seine Capitel unserem Königsbuch. Er hat natürlich keine Quellenscheidung betrieben; ebenso wenig ist II K. 18₁₄—₁₆ erst später dem Zusammenhang eingereiht, so dass er die Verse noch garnicht gelesen hätte. Aus dem Schweigen des Chronisten über die 14—16 berichteten Thatsachen ist gleichfalls nichts zu schliessen. Der Chronist versteht die Kunst des parteiischen Schweigens. Doch verrät vielleicht II Chron. 29₃ (siehe Oettli zu der Stelle) Bekanntschaft mit II Kön. 18₁₆, wenngleich dort חזק »befestigen«, möglicher Weise aber auch »ausbessern, herstellen« (vgl. II Kön. 12₁₅), hier צפה »vergolden« (Gr.) gesagt wird. V. 14—16 sind vielmehr bei Jes. der Neigung zum Kürzen zum Opfer gefallen, wohl weil sie mit Jesaja nichts zu thun hatten, von dem doch der Anhang berichten soll; weniger weil R. in Jes. das Peinliche des Berichts empfunden und darum beseitigt haben wird (Cheyne, Introd. S. 213). Auch die Form חזקיהו gegen חזקיה in 14—16 kann nicht für Zugehörigkeit des Verses zu 17 ff. beweisen (Di.[6] S. 311). 13 a vgl. V. 1 a gehört ganz R. an. Aber 1) muss doch auch 14—16 eine Einleitung gehabt haben. Die muss ausgesagt haben, was wir V. 13 b lesen: Hizkia, durch die Eroberung vieler fester Städte erschreckt, zieht die, wenn auch noch so kostspielige, Unterwerfung weiterem Widerstand vor. 2) Hat R. 14—16 als 17 ff. voranlaufend angenommen, es gewissermassen als Einleitung zu 17 ff. gegeben, so ist nicht einzusehen, warum er die Einleitung zu V. 14—16 strich und nicht einfach den unversehrten Abschnitt dieser Quelle bot, bis er der anderen das Wort geben konnte. 3) scheint mir V. 13 b gar nicht recht als Kopf zu 17 ff. zu passen.

חטאתי שוב מעלי את אשר חתן עלי אשא וישם מלך אשור על
חזקיה מלך יהודה שלש מאות ככר כסף ושלשים[g] ככר זהב:
15ויתן חזקיה את כל הכסף[h] הנמצא בית יהוה ובאוצרות בית
המלך: 16 בעת ההיא קצץ חזקיה את דלתות היכל יהוה[i] ואת
האמנות אשר צפה[k] ...... מלך יהודה ויתנם למלך אשור:

Zwar liegt Sanherib 17 ff. auch vor Lakisch, aber von einem bisher
schon erreichten Erfolg nicht blos gegenüber Lakisch, sondern überhaupt in Juda ist dort gar keine Rede; vielmehr macht die Tendenz
jener Erzählung das Gegenteil wahrscheinlich. Wohl bezeichnet sich
Sanherib als Strafwerkzeug Jahves (18 25). Jahve, sagt er, habe ihm
geheissen, gegen dies Land heraufzuziehen. Er ist in begriff diese Aufgabe zu erfüllen. Aber er brüstet sich nicht, dass Jahve durch Ueber-
lassung einer Reihe von judäischen Städten sich zu ihm als seinem
Werkzeug bekannt hat. Er hat doch wohl nach 18 17ff. noch nicht
»alle festen Städte« ausser Jerusalem in seiner Hand. Sollte der Verfasser, wenn ihm V. 13 b gehörte, nicht eine solche Rede dem Sanherib
in den Mund gelegt haben? Das hätte doch wirksamer sein müssen
als alles andere! Thatsächlich aber soll doch die vollkommene Erfolglosigkeit des assyrischen Ansturms gegen den Gott Judas, Jahve, berichtet werden. Darum passt die Erwähnung von der Eroberung aller
festen Städte ebenso wenig wie die eines grossen Tributes (14—16),
noch die einer starken Exilierung (Sanh. prisma. III. 12 ff.) zu dem
Abschnitt II Kön. 18 17ff. B.[2] wird etwa so begonnen haben: בימי עלה
סנחריב מלך אשור על ארץ יהודה וילחם על לכיש. | 14. e. Gr. add. ἀγγέλους,
ebens. Syr., stand da noch ein מלאכיו? f. nach Klosterm. ist לכיש wohl
Einsatz; oder es stand urspr. vielleicht אשורה; das auch wohl Meinung
von Kleinert a. a. O. Dass hier der Ortsname, der gut entbehrlich ist,
aus V. 17 eingesetzt ist, kann ja möglich sein, nötig aber ist diese
Annahme keineswegs. Sie ist nur aus der Meinung hervorgegangen,
dass 14—16 in die Zeit Sargons gehöre. g. Gr. L. hat auch hier irr-
tüml. τριακόσια. | 15 h. כסף hier doch wohl allgemein = Geld, so dass
nicht gemeint ist, er habe noch Gold zurückbehalten, welches er dann
etwa den Babyloniern hätte zeigen können. Auch geht es nicht an,
zu meinen, die Könige hätten immer einen eisernen Bestand (»Julius-
thurm«?!) reserviert, so dass Hizkia auch nach dieser Abgabe noch
genug übrig hatte, den später kommenden babyl. Gesandten zu zeigen.
Wenn er in seiner Not schon die Hand an das Gold des Tempels legt
(V. 16), hat er eben in seinem Schatz nichts mehr. | 16. i. יהוה fehlt
Gr. k. Dass hier ein anderer Name stand als חזקיה scheint mir nach
dem vorangehenden חזקיה V. 16a gewiss, dafür spricht auch der Zusatz
מלך יהודה, der sich 16a doch bei Hizkia nicht mehr findet. Klosterm.
vermutet שלמה.

Zeit und Werth von II Kön. 18 13b—16.

Dass diese Nachricht vortrefflich und zuverlässig ist, wird mit Recht allgemein angenommen. Wir haben es hier mit einer jeglichen idealisierenden und sagenhaften Zuges entbehrenden Angabe zu thun. Ja, Hizkia spielt hier im Gegensatz zu dem Vorangehenden und Nachfolgenden eine recht klägliche Rolle. Auch das spricht für Treue und Alter dieses Berichtes. Der Schlusssatz zeigt, dass der Zweck der Erzählung weder auf Darlegung politischer Ereignisse noch prophetischer Thaten hinzielt. Es handelt sich vielmehr um die Geschicke des Tempels. Wir haben wohl ein Stück der jerusalemischen Tempelchronik vor uns. Es liegt nahe diese Verse mit II Kön. 16 18 zusammenzustellen. Geht vielleicht auch der Kern von I Kön. 6—8; ebenso I Kön. 14 25—28. 15 18—20. II Kön. 12 18f. 14 14 auf die gleiche Quelle zurück? Die Schreibung חזקיה st. חזקיהו lässt sich nicht als Zeichen des Alters verwerthen. Sie findet sich nicht blos 18 10, sondern auch bei dem R. (vgl. 18 1). Bei Sanherib heisst der jüdische König Ha-za-ki-ja-a-u. Auch in alten Quellen sind die Formen יהו־ und ה־ promiscue gebraucht (vgl. z. B. אדוניה I Kön. 1 5. 13. 2 28; dagegen אדוניהו I Kön. 1 8. 9. 11. 13. 24. 25. 41. 42f. u. s. w.). Vielleicht liegt hier nur verschiedene Schreibung bei gleicher Aussprache vor[1]) d. h. חזקיָה = חזקיָהוּ. Von Wichtigkeit ist, dass V. 16 den Bericht abschliesst. Ob Sanherib nun damit zufrieden war und von Judäa heimwärts zog, ob er schliesslich doch die Uebergabe der Hauptstadt forderte, das bleibt unklar, ist nicht erwähnt, weil das für die Geschicke und Geschichte des Tempels bedeutungslos war. Es fragt sich, und da lautet die Antwort sehr verschieden, in welche Zeit das hier Berichtete zu setzen ist. Auf Grund der Erwägung, dass die nachfolgende Erzählung in ausschliessendem Widerspruch zu 13—16 steht, sofern dort von dem harten Trotz des Hizkia geredet wird (Kleinert a. a. O.), auch jegliche Erwähnung der früheren Unterwerfung fehlt, es ferner auch unmöglich ist, V. 14—16 etwa bei II Kön. 19 8 einzuschalten (Winckler), hat man sich entschlossen, an eine frühere Bedrohung

---

[1]) Vgl. Wellhausen, Text der Bücher Samuelis 1871. S. 20.

Jerusalems zu denken. Das scheint um so mehr geraten, da ja ursprünglich die Erzählung von der Krankheit des Hizkia und von der babylonischen Gesandtschaft vor 18 17 gestanden haben soll. So würde 14—16 etwa in gleiche Zeit mit jenen Begebnissen fallen und das בימים ההם und בעת ההיא 20 1 u. 12 sich mit dem בעת ההיא 18 16 decken. Es wäre alles etwa auf das 14te Jahr zu beziehen (18 13), welches eben nicht in die Zeit des Sanherib, sondern des Sargon führt.

Hält man an dem 14ten Jahr als der für II Kön. 20 wie 18 11 —16 zutreffenden Zeitbestimmung fest, so fällt allerdings eins sofort ausser Frage, nämlich die Datierung von 13 b—16 in die Zeit 722, die z. B. Klostermann auch zur Verfügung stellt. Denn wenn auch die jüdische Chronologie jener Zeit unheilbar verwirrt ist, das 14te Jahr des Hizkia liegt sicher unter 722. Aber auch abgesehen davon ist diese Annahme vollkommen unhaltbar. Gewiss kann man nicht mit Bestimmtheit behaupten, dass Juda um 725 sich ganz ruhig verhalten, dass es nicht auch mit Aegypten wegen eines gegen Assyrien gerichteten Schutz- und Trutzbündnisses sich in Verhandlungen einliess wie Hosea von Samarien (II Kön. 15 4). Es ist an und für sich ganz gut möglich, die Anspielungen auf Bündnisse gegen Assyrien in Jes. 28—31 auf Ereignisse dieser Zeit zu beziehen (so Ew., Del., Di.[5] u. a.). Mag es nun dem König von Juda gelungen sein, im richtigen Augenblick noch eine Schwenkung in der Politik zu vollziehen und so ein Geschick, wie es Samarien traf, von Juda abzuwenden; mag Sargon auch nach dem Falle von Samarien sofort nach Ninive haben eilen müssen, um den geraubten Thron sich zu sichern: zu wirklichen für Juda bedenklichen Folgen hat dies ägyptische Bündnis nicht geführt. Das Schweigen der biblischen Nachrichten ebenso wie der Berichte des Sargon über eine Demüthigung und Schädigung Judas zu jener Zeit ist doch gewiss nicht ohne Bedeutung, zumal da wir bei der Anwesenheit der Assyrer um 720 und 711 in Syrien beide Male Juda erwähnt finden. Demnach kann was II Kön. 18 13b—16 erzählt wird nicht in die Zeit von 722 gesetzt werden. Nun erwähnt Sargon bei den späteren assyrischen Invasionen in Syrien Juda jedesmal als eine aufständische Macht. In der Nimrud-Inschrift Z. 8 nennt er sich mu-šak-niš mat Ja-u-du ša a-šar-šu ru-u-ḳu. Wenn in der Aufzählung dieser Inschrift auch die zeitliche Folge nicht genau innegehalten wird (so wird z. B. die Niederwerfung des Königs Pisiris i. J. 717 vor der Eroberung von Sinuhtu i. J. 718 erwähnt), so ist im allgemeinen doch wohl chronologische Ordnung beabsichtigt. Wenn nun die Unterwerfung von Juda der des Humbanigaš von Elam (721) unmittelbar folgt, mit der des Ja'ubi'di von Hamat in einer Zeile erwähnt wird, so denkt man mit Recht doch an das Jahr 720, in dem Hamât fiel und Gaza erobert, der König von Gaza, Hanunu, mit seinem Genossen Sib'u von Aegypten geschlagen wurde. Nun darf man allerdings nicht sagen, dass die Teilnahme an dem Aufstand 720 die Beteiligung Judas an der Empörung 722 unwahrscheinlich mache, weil nicht anzunehmen sei, dass Juda sobald wieder den Mut zum Abfall gefunden habe. Denn auch Samarien erscheint im Bündnis mit Hamat 720 (Annalen Sargons 25). Immerhin könnte man es auffällig finden, dass Juda jetzt, nachdem es 722 noch glimpflich davon kam, nicht einer schwereren Heimsuchung unterworfen wurde. Eine solche wird man aber hinter dem kurzen Ausdruck »der Ueberwinder Judas« kaum suchen können. Auch gelegentlich der Erhebung und Unterwerfung Asdods ist Juda als untreu erwähnt: Sm. 2022. 29. Winckl. Sargon I. S. 189. II. 44. D. 26: ša matu Pi-liš-ti matu Ja-u-di mâtu U-[du-mu] matu Ma-a-bi a-ši-bu-ut tam-tim na-aš bil-[ti-u] ta-mar-ti ša Ašur beli-ja da-bib sa-ar-ra-te la-me-e-nu hul-la-a-te ša it-ti-ja ana šun-ku-ri eli Pi-ir-'u šar matu Mu-uṣ-ri mal-ku la mu-še-zi-bu-šu-nu šul-ma-na-šunu iš-šu-u ma e-tir-ri-šu-uš ki-it-ra a-na-ku Šar-ukîn rubu ki-e-nu pa-li-ih ma-mit Nabu Marduk na-ṣi-ru zik-ri Ašur [naru] Diglat (naru) Purattu i-na meli kiš-ša-ti ê-du-u . . . . . . na-pa-liš u-še-tik̞. Hier wird Juda neben Philistäa, Moab und Edom, den »am Meer gelegenenen« als bisher Asur »Tribut und Abgabe bringend« erwähnt. Nun aber »sannen sie auf Abfall, wollten Böses«, sandten »um ihn gegen Assyrien feindlich zu stimmen Geschenke an den Pharao von Aegypten, der ihnen doch nicht helfen konnte«. Hier haben wir eine genauere Ausführung des Ausdrucks der Annalen Sargons, dass Azuri von Ašdod die Könige seiner Nachbarschaft zur Feindschaft gegen Assur aufgefordert habe. Auf diese Thatsache geht ja auch Jes. 20₆, und gewiss wäre es gut möglich, Jes. 30₁ff. 31₁ff. auf dieselbe Sache zu beziehen. Aber damit ist doch noch nicht erwiesen, dass II Kön. 18₁₃b—₁₇ darauf geht. Das Gegenteil geben diese Nachrichten an die Hand. Denn wenn wir auch aus dem Bruchstück Sm. 2022 nichts Genaueres über das Geschick der Abtrünnigen erfahren, ausser dass der König von Asdod Jamani entfloh, so berichteten doch die Annalen (K. J. B. II. S. 65 ff.), dass Ašdod und andere Städte genommen und gründlich bestraft wurden. Von einer irgendwie nennenswerten Bestrafung Judas, Edoms, Moabs verlautet kein Wort. Und gar eine so gründliche Demütigung wie sie II Kön. 18 13b—16 berichtet wird, sollte der so ruhmredige Sargon mit Stillschweigen übergangen haben? War doch die Bestrafung Judas II Kön. 18 13b ff. kaum gelinder wie die von Asdod, welche doch ausführlich erzählt wird! Ašdod war der eigentliche Herd der Verschwörung, an Asdods Besitz musste Sargon viel gelegen sein, weil der Besitz dieser Stadt Aegypten den Eingang nach Syrien sperrte. Darum wurde die Stadt mit östlichen Colonisten besiedelt, unter einen assyrischen Statthalter gesetzt. Wenn so Gaza, der Endpunkt des arabischen Karawanenhandels[1]), und Ašdod in den Händen der Assyrer war, so hatten sie sowohl den arabischen Stämmen wie besonders Aegypten gegenüber eine ausserordentlich günstige Lage. Dagegen konnte Sargon mit einer friedlichen Unterwerfung von Judäa, Edom, Moab zufrieden sein. Anders lag das bei Sanherib, dem Hizkia als das eigentliche Haupt des Aufstandes eine schwere Strafe zu verdienen schien. Gegenüber diesem aus den Inschriften sich ergebenden Befunde müssen die Versuche, einige Reden des Jesaja auf einen Raub- und Strafzug des Sargon gegen Jerusalem zu beziehen, vollkommen aufgegeben werden. So hat man etwa Jes. 1 in Sargons Zeit gesetzt. Die volle Verwüstung des Landes, die Verschonung allein der Hauptstadt (2—9) deutet auf eine schwere Katastrophe. Die kann kaum, so meint man, von dem syrisch-ephraimitischen Kriege herrühren, zumal da die »זרים« (V. 7) schwerlich ein zum grossen Teil von Nordisraeliten gebildetes Heer bezeichnen können[2]). Von Sanherib aber müsse man absehen, da damals schwerlich der Götzendienst in Juda noch so offen hervorgetreten sei, die Rechtspflege so darniedergelegen habe, wie es doch nach V. 10 ff. thatsächlich angenommen werden müsse[3]). Auf die gleiche Thatsache eines judäischen Zuges

---

[1]) Winckler, Geschichte Babyloniens und Assyriens S. 229.
[2]) Cheyne [5] S. 1.   [3]) Dillmann [6] S. 3.

des Sargon soll dann Cap. 22 gehen. Auch da ist Jerusalem in schwerster Gefahr gewesen; die Stadt selbst wurde blockiert. Unvermuthet kam die Rettung. Sie führte aber nicht zur Busse, sondern zu noch grösserem Leichtsinn in der Hauptstadt. Da nach Jes. 17 12ff. 14 27ff. Jes. 36 f. der Prophet zur Zeit des Sanherib ganz anders gesprochen habe als hier, könne an die Bedrohung um 701 nicht gedacht werden (Ewald, Cheyne [5], Kleinert, Bredenkamp). Auf die gleiche Annahme soll nun nach einigen auch der Schluss von Cap. 10 führen. Hier wird der rasende Fortschritt eines assyrischen Heeres geschildert, welches sich von Norden gegen Jerusalem bewegt und erst unmittelbar vor der jüdischen Hauptstadt zum Stillstand kommen wird. Mag man diese Worte als ein vaticinium ex eventu (Hitzig) oder als eine Voraussagung des thatsächlich so verlaufenen Sargon-Zuges auffassen (Cheyne [5], Sayce, Brandes, Kleinert), keinesfalls kann, meint man, die Expedition des Sanherib in Frage kommen. Und selbst wenn man hier auch eine ideal-gefasste, deshalb nicht ans Einzelne gebundene Weissagung vom Zuge des Sanherib findet (Delitzsch), so soll sich diese Abweichung der Weissagung von der Erfüllung doch am besten dadurch erklären, dass Jesaja, durch die Erinnerung an einen früher in nord-südlicher Richtung verlaufenen Heereszug veranlasst, sich auch den kommenden Zug also vorgehend dachte [1]).

Dem gegenüber kann nicht genug das beredte Schweigen der Inschriften und zugleich das Subjective in dieser Ansetzung der betreffenden Reden des Propheten betont werden. Cap. 1 lässt sich auch aus Sanheribs Zeit, zur Not auch aus der Lage zur Zeit des syrisch-ephraimitischen Krieges erklären. Ebenso denkt man bei Cap. 22 doch unwillkürlich zunächst an die Situation im Jahre 701. So hat denn z. B. Cheyne in seiner Introduction seine früheren Aufstellungen fahren lassen. 10 28ff. aber ist eine ideale Weissagung des Jesaja, die durchaus nicht notwendig das Vorbild eines historischen Zuges zur Voraussetzung hat. Endlich aber sind uns die einzelnen Wendungen der jüdischen Politik im Jahre 701, der geschichtlichen Ereignisse, der prophetischen Stimmungen der Zeit so dunkel, dass manches, was uns widerspruchsvoll bei dem Propheten erscheinen möchte, so dass man zwischen 2 Reden,

---

[1]) Ewald a. a. O. S. 396.

deren geschichtlicher Anlass derselbe zu sein scheint, gern Jahre einschieben möchte, am Ende doch gut neben einander Platz hat. Somit erscheint nach allen Seiten hin die Loslösung von II Kön. 18,13b—17 von der Sanheribzeit als unannehmbar. Es fragt sich nur, ob und wie dieser Bericht zu den assyrischen und den anderen biblischen Nachrichten passt, wie die von ihm erwähnte Thatsache in die Folge der Begebnisse einzuordnen ist. Diese Frage setzt nun eine genauere Feststellung des Textes, der Zeit, des historischen Werthes, der Tendenz von II Kön. 18,17ff., sowie eine genauere Kritisierung der assyrischen Berichte voraus.

IV. Jes. 36, 2ff. = II Kön. 18, 17ff.

a...... ² ⁽¹⁷⁾ וישלח מלך אשור את רבשקה מן לכיש⁶ אל
מלך חזקיהו בחיל כבד ירושלים ויעל⁶ ויבא ירושלם ויעמד

2. a. Natürlich muss hier eine Einleitung ausgefallen sein; sie war störend nach II Kön. 18,13—17, ist deshalb gestrichen. In ihr wird auch erzählt worden sein, dass Sanh. Lakisch belagerte. Diese Bemerkung fehlt 13 b. Auch darum wird 13 b nicht ursprünglich zu 17 ff. gehören. Auf eine solche Bemerkung über die Belagerung von Lakisch weist auch wohl Jes. 37,8b (II K. 19,8b). | b. anstatt des selteneren מן לכיש hat Jes. das gewöhnlichere מלכיש. K. hat noch את תרתן ואת רב סריס Aber das wohl spätere Zuthat (Stade geg. Ges. Dill. ⁶). Thatsächlich tritt nur der Rab-šake hervor; die נערים 37,6 beweisen nichts. Möglicher Weise haben wir es hier mit verschiedenen Titeln derselben Charge zu thun: Turtan und Rabšake sind ja doch Oberfeldherrn, und ob רב סריס schliesslich etwas anderes ist, kann man fragen, selbst wenn man die Auskunft von Winckler, rab ša riš sei assyr. Uebersetzung des (rab) šake (sumerisch), mit Recht verwirft (Winckler, Untersuchungen zur altorient. Gesch. S. 138). Es ist vielleicht doch nicht zufällig, dass der Rab-šake und Turtan sich nicht neben dem Rabsaris Jer. 39,3 u. 9 finden. Es ist bei späteren die Neigung vorhanden, unverstandene Titel zu häufen (vgl. Dan. 2,2. 3,27. 44), selbst wenn diese ursprünglich nur verschiedene Namen derselben Sache waren. Natürlich ist dem Plur. entsprechend auch der Numerus im Verbum geändert. Desgl. wurde aus אלי (18) (so auch noch Kön. Gr.) אליהם (V. 18). c. ירושלם — ויעל fehlt in Jes., wohl durch Schreiberversehen. Ausserdem hat Jes. ירושלימה gleich hinter חזקיהו. Kön. H (nicht Gr.) hat hier nach ירושלם noch ויבאו ויעלו, irrtümliche Wieder-

בתעלת הברכה העליונה אשר[d] במסלת שדה כובס: 3(18)[וַיִּקְרָא
אליו[i] ויצא אליו אליקים בן חלקיהו אשר על הבית ושבנא[f] הספר
ויואח בן אסף המזכיר: 4(19)[ויאמר אליהם רבשקה אמרו נא אל
חזקיהו כה אמר המלך הגדול מלך אשור מה הבטחון הזה אשר
בטחת: 5(20)[אָמַרְתָּ[g] אך דבר שפתים עצה וגבורה למלחמה עתה
על מי בטחת כי מרדת בי: 6(21)[הִנֵּה[h] בטחת לך[i] על משענת הקנה
הרצוץ הזה על מצרים אשר יסמך איש עליו ובא בכפו ונקבה
כן פרעה מלך לכל בטחים עליו[k]: 8(23)[ועתה התערב[l] את אדוני

holung aus dem vorangehenden Gliede. d. אשר fehlt Jes. H u. Gr. |
3. Die 2 ersten Worte hat Jes. (H u. Gr.) nicht, Kürzung; Kön. H hat
אל המלך, Gr. πρὸς Ἐζεκίαν. Verschiedene Ausdeutung des ursprünglich.
aber missverständlich. אלי־ (Wellhausen, Text und Bücher Samuelis
22f.). f. Hier und V. 26 in Kön. שבנה; dagegen V. 37 und 19₂ wie
überall in Jes. שבנא. Wohl mit Recht, da er wahrscheinlich ein Ara-
mäer, sicher ein Ausländer war (Cheyne Introd. zu Jes. 22₁₅). | V. 5. g.
Jes. אמרתי, ich sage: nur Lippenwort ist Rath u. s. w. (so Del. Dill.),
besser אָמַרְתָּ: meinst du, nur Lippenwort sei schon Rath und Kraft?
(Wellh. Bleek⁴ S. 257 Anm.). Kl. nach Num. 12₂₁: אם רק אך »ist Intelligenz
und Macht zum Kriege denn ein blosses Lippenwort«; aber das würde
vielmehr sein: ist Rath und Kraft nur Lippenwort, nicht auch etwas
anderes? Das passt aber nicht. | V. 6. h. Kön. H u. Gr. hat עתה הנה
am Anfang; aber nach dem עתה 5b störend. i. fehlt Jes. H u. Gr.,
wohl Kürzung. Vgl. übrigens zu dieser Ausführung Sargon Sm. 2022,
»an Pir'u, den König von Aegypten, einen Fürsten, der sie nicht
retten konnte, schickten sie« u. s. w., s. o. S. 62. | k. V. 7 (22): וכי
תאמרון [תאמר] אלי אל יהוה אלהינו בטחנו הלא [Kön. Gr. Jes. H (nicht Gr.)
הוא אשר הסיר חזקיהו את במותיו ואת מזבחתיו ויאמר ליהודה ולירושלם לפני המזבח
[Kön. Zusatz בירושלם] הזה תשתחוו. Dieser Vers, von dem übrigens Gr.
(doch nicht Q. mg.) nur a‹‹ bis בטחנו hat, stört den Zusammenhang. Zwar der Gedanke würde trefflich passen. So führt zum Beispiel Cyrus auf seinem Cylinder (V Raw. 35) aus, dass der babylonische Gott Marduk ihn an Stelle des babylonischen Königs Nabu-
nâid zum Regenten über Babel berufen habe. Denn Nabû-nâid hatte
den Zorn aller Götter erregt, weil er ihre Bilder aus den Heiligtümern der verschiedenen Städte nach Babel hatte bringen lassen.
Cyrus setzt sie in Frieden wieder in ihren Heiligtümern ein »auf Befehl
Marduks des grossen Herrn«. Aber formell scheidet der Vers sich
deutlich als Einsatz ab. Schon die 2. Pers. Plur., die entsprechend der
1. Plur. in בטחנו allein zulässig ist, im Gegensatz zur Anrede in der
2. Pers. Sing. im Vorangehenden und Folgenden erweist das. Die Bevor-
zugung des תאמר in Jes. H Kön. Gr. (Dill.) nützt nichts. Denn das
הסיר חזקיהו zeigt, dass hier Hizkia nicht angeredet ist wie doch vorher
und nachher. Aber auf den Eljakim (תאמר־; doch warum wäre er allein

הַמֶּלֶךְ[m] וְאִתִּ֣ה לְךָ֗ אֲלָפִ֤ים סוּסִים֙ אִם־תּוּכַ֔ל לָ֥תֶת לְךָ֖ רֹכְבִ֑ים
עֲלֵיהֶֽם׃ [24)9] וְאֵ֣יךְ תָּשִׁ֗יב אֵ֠ת פְּנֵ֨י[n] אַחַ֜ד עַבְדֵ֤י אֲדֹנִי֙ הַקְּטַנִּ֔ים וַתִּבְטַ֤ח
עַל־מִצְרַ֙יִם֙ לְרֶ֣כֶב וּלְפָרָשִֽׁים׃ [25)10] וְעַתָּה֙[o] הֲמִבַּלְעֲדֵ֣י יְהוָ֔ה עָלִ֖יתִי עַל־
הַמָּק֣וֹם הַזֶּ֑ה[p] לְהַשְׁחִית֑וֹ יְהוָ֗ה אָמַ֤ר אֵלַי֙ עֲלֵ֔ה[q] עַל־הָאָ֥רֶץ הַזֹּ֖את

angeredet?) oder auf ihn mit seinen Genossen (האמרין) die Anrede zu beziehen, geht gleichfalls nicht an. Die Boten des Königs sind nur die Vermittler, die für ihre Person keine Bedeutung haben. V. 22 ist Einfügung des Deut., der auch wohl in II Kön. 18,4a die Reform des Josias vordatiert hat. | V. 8 (23) l. Gr. Jes. u. Kön. μίχθητε = התערבו und V. 24 πῶς ἀποστρέψεσθε (Kön.), δύνασθε ἀποστρέψαι (Jes.) תשיבו. Dass dies nicht ursprünglich, ist aus dem ἤλπισας (ויבטח) in Kön. 24b zu sehen. Es müsste correcter Weise auch heissen: ἤλπίσατε. Hier ist die Anpassung zu dem האמרין V. 22 vergessen worden. Hat aber Kön. Gr. die Wirkung des האמרין, so wird er dies auch selbst gehabt haben d. h. εἶπας (V. 22) wird nicht ursprünglich, vielmehr aus Verlesung von εἴπατε entstanden sein. m. so mit Kl.; Kön. (H u. Gr.) את אדני את מלך, אשור, Jes. (H u. Gr.) את אדני המלך אשור. אשור ein erklärender, im Munde des assyr. Boten unpassender Zusatz. Kön. hat grammatisch richtig המלך durch את מלך אשור ersetzt. | V. 9. n. Kön. u. Jes.: את פני פחת אחד, das ergiebt keinen Sinn; פחת mit Stade zu streichen als Zusatz eines späteren, der hier seine antiquarische Gelehrsamkeit an den Mann bringen wollte. Uebrigens setzen die Ausführungen V. 6 und 9 voraus, dass für Hizkia die Versuchung, auf Aegypten sich zu verlassen noch vorliegt. Die Schlacht von Eltheke hatte also noch nicht stattgefunden, oder der Verf. wusste nichts von einer solchen. Irrig redet er auch von dem Pharao, auf den man sich verlasse. Aber Sanherib behauptet zu Altaku mit Truppen der Könige von Aegypten gekämpft zu haben und ihre Söhne gefangen zu haben (Sanher. Prisma II. 80 mârân šarri Muṣuraaj soll wohl nicht sein: die Söhne des Königs von Aegypten, sondern entweder eines Königs (K. J. B. II. 93), oder besser mit der Variante šarrâni: der Fürsten u. s. w.). Thatsächlich hatte Tirhaka sich noch nicht des ägypt. Throns bemächtigt, er erscheint auch hier noch als König von Aethiopien (19,9); Schabataka aber hatte nicht vermocht, dem Aufkommen lokaler Könige namentlich im Deltagebiet zu wehren. Jes. Gr. hat auffallender Weise: οἰκέται οἱ πεποιθότες ἐπ' Αἴγυπτον. . . . | V. 10. o. Kön. H (gegen Kön. Gr. Jes. H und Gr.) nur עתה. p. Jes. H u. Gr. haben auch das erste Mal הזאת על־הארץ, das ist doch wohl Uniformierung. Immerhin gewinnt man den Eindruck, als ob Sanh. erst vor Erfüllung der Aufgabe, die Verwüstung zu bewirken, sich befände. Der Vers erinnert an Jes. 10,5ff. Es ist auch wahrscheinlich, dass eine Anspielung vorliegt. Daraus ergiebt sich natürlich weder die jesajanische Abfassung des Berichts (Del.), noch dass der Assyrer von diesen Weissagungen vernommen und sie geschickt benutzt

11 ⁽²⁶⁾ויאמר אליקים' ושבנא ויואח אל רבשקה דבר נא : והשחיתה׃
אל עבדיך ארמית ᵃ כי שמעים אנחנו ואל תדבר עמנו ᵗ יהודית ᵘ
באזני העם אשר על החמה: 12 ⁽²⁷⁾ויאמר אליהם ᵛ רבשקה האל ʷ
אדניך ואליך שלחני אדני לדבר את הדברים האלה הלא אל
האנשים הישבים על החמה לאכל חראיהם ˣ ולשתות את שיניהם
עמכם: 13 ⁽²⁸⁾ויעמד רבשקה ויקרא בקול גדול יהודית וידבר
שמעו דבר ʸ המלך הגדול מלך אשור: 14 ⁽²⁹⁾כה אמר המלך אל ישא
לכם חזקיהו כי לא יוכל להציל אתכם מידי ᶻ: 15 ⁽³⁰⁾ואל יבטח
אתכם חזקיהו אל יהוה לאמר הצל יצלנו יהוה ולא ינתן ᵃ את העיר
הזאת ביד מלך אשור: 16 ⁽³¹⁾אל תשמעו אל חזקיהו כי ᵇ כה אמר

habe (Ges. Hitz.). Es ergäbe sich nur, dass der Verf. Jes. 10 5ff. kannte.
Uebrigens ist V. 10 auch gut aus assyrischen Erwägungen verständlich
vgl. den oben erwähnten Cyruscylinder. q. Jes. irrig אל, Schreiberver-
wechslung. | V. 11 (26) r. Kön. H u. Gr. haben noch בן הלקיהו. Da
gegen V. 3 (18) und 22 (35) hier auch in Kön. bei אליקים wie bei שבנא
und יואח die Angabe der Charge mangelt, so wird hier wie auch bei
יואח ebenfalls die Angabe der Abstammung hinter אליקים gefehlt haben.
V. 3 und 22 haben alle 3 Beamten nähere Angaben bei sich. s. Dass das
Aramäische nicht blos in der persischen Zeit, sondern auch schon unter
den Babyloniern und Assyrern als Verkehrssprache in Gebrauch war, ist
gewiss richtig. Ebenso aber darf man sich nicht verwundern, dass ein assyr.
Feldherr auch hebr. sprechen konnte. Die Berührung Assurs mit Israel
war doch seit 30 Jahren lebendig genug. Uebrigens macht dieser Zug
durchaus den Eindruck guter geschichtlicher Ueberlieferung. C. 38
schreibt Sanherib selbstverst. hebräisch. Das allerdings gewiss nicht
richtig. Sanherib schreibt einen eigenhändigen Brief doch nur as-
syrisch. Dieser Schwierigkeit ist sich jener Verf. dort aber gar nicht
mehr bewusst. t. Jes. H u. Gr. (gegen Kön. H u. Gr.) אלינו wohl Gleichmacherei im Hinblick auf das אל עבדיך. u. Der Gr. hat sowohl in Kön.
wie Jes. abweichend von dem hebr. Text in Kön. u. Jes. vor dem באזני
noch ein καὶ ἵνα τι λαλεῖς ἐν τοῖς ὠσὶν τοῦ λαοῦ Kön. (Jes. εἰς τὰ ὦτα
τῶν ἀνϑρώπων). Sollte das καὶ ἵνα τι λαλεῖς nicht von dem einen griech.
Text in den anderen übernommen sein? | V. 27. v. אליהם fehlt Jes. H
(nicht Gr.); Kürzung. w. Kön. H u. Gr. על אדניך und mit Jes. על האנשים.
Aber wie Kön. (H u. Gr.) אליך, Jes. auch אל אדניך so auch אל האנשים.
על deutet eine feindl. Absicht an. In einer solchen will er aber zu-
nächst nicht geschickt sein. x. Kön. חריהם. | V. 13. y. Jes. H u. Gr.
fehlt וידבר. Wohl Kürzung. Kön. Gr. Jes. H u. Gr. את דברי. | V. 14. z.
Gr. (Jes. u. Kön.) hat noch λόγοις hinter חזקיהו. Kön. מידו, Jes. H u. Gr.
fehlt das; vielleicht (Stade Di.) mit Recht. Gr. L. ebenso Jon. haben
in Kön. מידי. | V. 15. a. ו fehlt in ולא in Jes. H (nicht Gr.), Kön. Gr.;
Kön. את תנתן, das nicht correct; Jes. hat einfacher תנתן ohne את, sodass

המלך° עשו אתי ברכה וצאו אלי ואכלו איש גפנו ואיש תאנתו
ושתו איש מי בורו[d]; 17(32)עד° באי ולקחתי אתכם אל ארץ כארצכם
ארץ דגן ותירוש [ארץ חלקים' וכרמים'] ארץ זית יצהר ודבש

hier עיר Subj.; während es bei יניך Object ist. תניך in Kön. ist Verball-
hornisierung nach Jes. (vgl. Ges.-Kaut.²⁵ § 121, 1 und Anm. 2). | V. 16. b.
כי fehlt Jes. Gr. c. Jes. H אשר־המלך grammat. unzulässig, Kön. אשר־־.בלך
המלך wie V. 14 vgl. zu V. 8. d. Jes. Gr. χαλκοῦ, wohl verschrieben
aus λάκκου NA. Q.). | V. 17. e. Ob die Frist bis zur Verpflanzung sich
nach Absicht des Verf. mit der Zeit des von Sanh. ins Auge gefassten
Kampfes mit Aegypten decken soll (Del. Hi.), kann man fragen, aber nicht
beantworten. Denn von der Absicht eines ägypt. Feldzugs sagt der Verf.
nichts. f. להם in M. ist nach דגן unpassend. Wie כרמים dem תירוש entspricht, so müsste hier ein דגן entsprech. Wort erwartet werden. Jon.
hat הקלך (cf. ass. eklu Feld; syr. ‍‍). 19₂₆ hat Jon. שדה mit הקלא
wiedergegeben. Darnach etwa שדות ארץ? Näher liegts noch, an חלק
(II Kön. 9₁₀. ₃₆. Hos. 57) oder חלקה (II Kön. 3₁₉. 25) zu denken, also
etwa ארץ חֲלָקִם zu lesen; da wäre nur ק ausgefallen und ה und ל verstellt.
Vielleicht sind die eingeklammerten Worte, die sich zwischen Land von
Korn und Most, von Oelbaum und Honig recht frostig machen und nur
eine überflüssige Erklärung von ארץ דגן ותירוש bieten, als Randglosse zu
streichen. Jes. schliesst mit ארץ כרמים und hat anstatt des אל תשמעו
אל חזקיהו כי יסית (II K. 18₃₂b) einfach כי יסית, was sich dann aber recht
schlecht an ארץ כרמים anschliesst. Die Aussicht auf Verbannung ist
übrigens ein wunderliches Lockmittel. Dass der Verf. sich dessen in
der Rede des Assyrers bedient, versteht sich aus den Gefühlen eines
Mannes, der dies Land der Verbannung als besonders fruchtreiches und
schönes aus eigener Erfahrung kannte. Nach seiner und seiner Mit-
verbannten Empfindung lag allerdings in der Aussicht auf einen solchen
Tausch viel Verlockendes. Hiermit hat die Rede des Rabšake (»dass
ihr lebet und nicht sterbet«) einen vortrefflichen Abschluss. M hat nun
noch: יסית אתכם [Jes. einf. [פן יסית אתכם אל חזקיהו כי 18(32b)אל תשמעו
לאמר יהוה יצילנו] 19(33)החצל [f. in Jes.] הצילו אלהי הגוים איש את ארצו מיד מלך
Kön. H, nicht Kön. Gr. אשור: 20(34)איה אלהי חמת וארפד איה אלהי ספרוים [הנע ועוה
[Kön. H bat geg. Jes. H, (nicht Gr.) u. Kön. Gr. nur [כי [aus II K. 19₁₃
הצילו שמרון מידי: 20(35)מי בכל אלהי הארצות האלה [f. Kön. H u. Gr.] אשר [האלה
הצילו את ארצם מידי כי יציל יהוה את ירושלם מידי: Zunächst macht der Text
keinen erfreulichen Eindruck. Entsprechend von הנע ואיפד erwartet
man die Erwähnung zweier Städte, wie eine solche doch wohl in dem
jetzt verderbten ספרוים לעיר II Kön. 19₁₃ vorliegt. הנע ועוה kann bei dem
Fehlen in Kön. Gr., Jes. H u. Gr. dafür nicht in Frage kommen, auch
sind damit doch wohl 2 Städte gemeint. Dann wäre wieder eine zu viel.
Am liebsten hätte man einfach: ספרוים ושמרין. Es ist nämlich klar, dass
der Satz מידי שמרין את הצילו וכי äusserst unpassend ist. Sollten etwa die
Götter von Chamat und Arpad und Separvajim (wohl Shabara'in) Sa-

וחיו ולא חמתו⁸ : ³¹ ⁽³⁶⁾ויתחרישו ʰ ולא ענו אתו דבר כי מצות המלך
היא לאמר לא תענהו: ²² ⁽³⁷⁾ויבא אליקים בן חלקיהו אשר על
הבית ושבנא הספר ויואח בן אסף המזכיר אל חזקיהו קרועי
בגדים ויגידו לו את דברי רבשקה:

Jes. 37₁—9a = II Kön. 19₁—9a.

¹ויהי כשמע המלך חזקיהו ויקרע את בגדיו ויתכס בשק [ויבא
בית יהוה]: ²וישלח את אליקים אשר על הבית ואת ᵏ שבנא הספר

mariens Rettung zur Aufgabe gehabt haben? Dazu hat וכי הצילו gar keinen Anschluss. Endlich soll doch nach Aufsummierung aller der eroberten Städte erst die alle betreffende Frage, ob die Götter sie hätten retten können, gestellt werden. Da kann nicht dieselbe Frage speciell Samarien betreffend vorangegangen sein. Sehr ungeschickt ist ferner מיד מלך אשור V. 33b. Der Verf. lässt doch durch Rabšake den König in erster Person reden! Man müsste auch hier wie sonst (V. 35 und 29) מידי erwarten. Duhm streicht 32b—35. Sie passen nach ihm nicht zu der Berufung Sanheribs auf den ihm von Jahve selbst gegebenen Auftrag V. 10 (25). Die Gotteslästerung sei vermuthlich für die späteren ein fester Bestand der Tradition gewesen. Sie sei hier eingearbeitet. Dazu kommt, dass die Warnung: »höret nicht auf Hizkia, denn er verführt euch, wenn er sagt, Jahve wird uns retten«, nach den Worten (V. 14f. = 30f.) »nicht möge Hizkia euch verleiten, denn nicht vermag er euch zu retten; nicht möge Hizkia euch zum Vertrauen auf Jahve bewegen, indem er sagt »sicherlich wird Jahve uns erretten, und wird diese Stadt nicht dem Assyrerkönig preisgegeben werden; höret nicht auf Hizkia«, post festum kommt. Wenn eine solche Gotteslästerung ursprünglich wäre, müsste man sie nach 14b = 30b erwarten, nicht aber nach 32a, wo in der Todesdrohung ein vortrefflicher Abschluss vorliegt. Ein späterer hat an das Stichwort חזקיהו אל תשמעו אל seine eigenen Erwägungen angeschlossen. Sie sind dann der ursprünglichen Rede angehängt und verrathen sich also als Anhängsel. | V. 36. h. Kön. H (gegen Kön. Gr. Jes. H und Gr.) hat noch עם [והחרישו], ein falsches Explicitum (vgl. Wellhausen, Text der Bücher Samuelis S. 22f.), da der König dem Volk nicht das Verbot des Schweigens hatte geben können, weil er nicht vorauswissen konnte, dass Rabšake sich an das Volk wenden würde. Ausserdem soll der Vers doch wohl begründen, warum des Königs Boten den Rabšake ohne Antwort lassen und sofort zum Könige gehen.

V. 1. i. Vielleicht hat Duhm recht mit der Streichung der 3 letzten Worte, die nach ihm aus dem anderen Bericht (37₁₄) geflossen sind, in dessen Pragmatik sie hinein passen. Es. wird hier nicht gesagt,

ואת זקני הכהנים מתכסים בשקים אל ישעיהו הנביא[1]: [3]ויאמרו
אליו כה אמר חזקיהו יום צרה ותוכחה ונאצה היום הזה כי באו
בנים עד משבר וכח אין ללדה: [4]אולי ישמע יהוה אלהיך את
כל[m] דברי רבשקה אשר שלחו מלך אשור אדוניו והוכיח בדברים
אשר שמע יהוה אלהיך ונשאת תפלה בעד השארית הנמצאה:
[5]ויבאו עבדי המלך חזקיהו אל ישעיהו: [6]ויאמר אליהם[a] ישעיהו
כה תאמרון אל אדוניכם כה אמר יהוה אל תירא מפני הדברים
אשר שמעת אשר גדפו נערי מלך אשור אתי°: [7]הנני נתן בו רוח
ושמע שמועה ושב לארצו והפלתיו בחרב בארצו: [8]וישב רבשקה
וימצא את מלך אשור נלחם על לבנה [כי שמע כי נסע מלכיש]p:

---

zu welchem Zweck er in den Tempel ging. V. 1 a wie V. 2 ist er doch wohl
in seinem Palaste »Und die Aufforderung an Jesaja, zu beten, macht nicht
den Eindruck, dass Hizkia selbst im Tempel gebetet habe«. | V. 2. k.
את f. in Kön. vor שבנא, während es doch auch dort vor אלקים und זקני
steht. Also versehentlich. 1. Kön. ישעיהו בן אמוץ הנביא: Jes. בן
אמוץ הנביא. Die Stellung im Kön. ungewöhnlich; בן אמוץ scheint Nachtrag
zu sein. In Jes. ist dann die gewöhnliche und bekannte Stellung בן
אמוץ הנביא gegeben. Ursprünglich also nur ישעיהו הנביא (Stade, Duhm,
geg. Dill. der die Stellung in Kön. durch nachträgliche Anfügung des
ursprünglich ausgelassenen בן אמוץ erklärt). | V. 4. m. כל f. Jes. H u.
Gr. Die Worte ולחרף אלהים חי streicht Duhm mit Recht. Denn dass
der König den Rabšake zu dem Zweck entsandt habe, dass er den
»lebendigen Gott schmähen solle«, entspricht doch gar nicht der Meinung
unseres Berichts; vielmehr wäre das mehr im Sinne des mit 9 b be-
ginnenden. Ebenso passt auch das אלהים חי ganz zu der Tendenz jener,
nicht unserer Erzählung. Auf die ungewöhnl. Ausdrucksweise חי אלהם statt
חיים (Deut. 5 23. I Sam. 17 26 u. 36) ist wohl nicht (so Duhm) besonderes
Gewicht zu legen. Wichtiger ist wohl die stilist. Härte: אולי ישמע יהוה
לחרף את אתי חי ‖ אל חי —, man müsste etwas erwarten wie: חי ‖ אל חי d. h.
ihn, den lebendigen Gott, zu lästern. | V. 6. n. Kön. להם. Aber der
Verf. verbindet אמר stets mit אל 36 4. 7. 10f. 37 3. | V. 7. o. אתי f. Kön.
Gr.; אתי — אשר גדפו soll nach Duhm Einsatz sein. Eine offenbare Gotteslästerung konnte nach ihm für Hizkia nicht Grund zur Furcht (תירא),
vielmehr zur Hoffnung sein. Aber die Behauptung, von Jahve selbst
berufen zu sein (36 16); die Versicherung, Hizkia führe das Volk irre,
wenn er auf Jahve, der die Stadt beschützen werde, Vertrauen setze,
konnte Hizkia in Furcht und Verwirrung setzen. Da mochte er Auf-
schluss erbitten. Der Anspuch der Assyrer war zugleich eine Schmähung
Jahves. V. 6 b wird durch das בו V. 7 a gehalten, das ohne 6 b doch gar
zu beziehungslos dastünde. Es läge bei Streichung von 6 b näher das
בו (7a) auf רבשקה wie auf מלך אשור V. 4 zu beziehen, was natürlich
falsch ist. | V. 8. p. Nach Duhm soll hier ursprünglich etwa gestanden

⁹ויצא תרהקה מלך כוש להלחם אתו וישמע⁹ ⁽³⁶⁾³⁷וישׁע וילך
וישב סנחריב מלך אשור וישב בנינוה: ³⁸⁽³⁹⁾ויהי הוא משתחוה

haben, »er kehrte nach Lakisch zurück und da hörte Sanherib u. s. w.«.
Der andere, hier beginnende Bericht habe Sanh. vor Libna lagern lassen.
R. habe das in der in M. vorliegenden Weise geeinigt. Das ist nicht
wahrscheinlich. Wie Bericht³ auch sonst keine Namen, nichts Greifbares giebt, so ist auch nicht anzunehmen, dass er von einer Belagerung
von Libna sprach. Am nächsten liegt es 8b als Randbemerkung aufzufassen. Rabšake ging von Lakisch aus und traf jetzt vor Libna
seinen Herrn. Da der Bericht selbst von einer Bewegung des Sanherib
nichts sagt, bemerkt der verständige Leser das für andere am Rand.
V. 9. q. Dass V. 9 nicht gut erhalten ist, liegt auf der Hand, ist auch,
da hier die 2 Berichte zusammenstossen, nicht verwunderlich. Auffallend
ist in Jes. das doppelte וישמע, das übrigens in Kön. fälschlich mit אל
statt על (Jes.) verbunden ist; Kön. hat für das 2te וישב. Man hat das
mit dem Folgenden verbunden: er schickte zum 2ten Male Boten. Dann
ginge es auf R. zurück, der Bericht³ nicht für eine Parallele zu
Bericht², sondern für dessen Fortsetzung hielt. Sieht man aber auf
den folgenden Vers (V. 36) וישע וילך וישׁב und nachher וַיֵּשֶׁב, so denkt
man besser daran, dass וישב noch ein Rest der ursprüngl. Erzählung
ist, die mit וישב V. 9 abriss und mit סנחריב מלך V. 36 weiter fortgeführt
wird. Andrerseits ist's auffallend, dass wir gar nicht entnehmen
können, ob Tirhaka wirklich auszog oder ob es sich nur um ein leeres
Gerücht handelte. Wird man sich der ersten Möglichkeit zuwenden,
dann ist das erste וישמע höchst unbequem, dagegen das 2te recht
passend. Jes. Gr. führt auf die rechte Spur: καὶ ἐξῆλθεν Θαράκα βασι-
λεὺς Αἰθιόπων πολιορκῆσαι αὐτὸν καὶ ἀκούσας ἀπέστρεψεν. ... Darnach
der Text oben. ... Das 2te וישמע geriet an falsche Stelle, an den
Versanfang und hatte dann die Umwandlung אתו — כי תרהקה על zur
Folge. Es blieb in einigen Handschriften auch an 2ter Stelle stehen
(Jes.), in anderen wurde es dort getilgt, oder vielleicht als וישב gelesen,
wenn dieses nicht Rest des וישב V. 36 oder Wort des harmonisieren-
den R. ist. | V. 38. r. H. נסרך ist als assyr. Gottesname nicht über-
liefert. Gr. Kön. *Εσδραχ*. Gr. Jes. *Νασαραχ*; aber א *Ασαραχ*, A. O. Q.
Ασαραχ [Joseph. Antiq. X. I, 5 ανετεθη τω ιδιω ναω Αρασκη λεγομενω].
Schwerlich אשור (K. A. T.² 329), da das άκ nicht so einfach als ange-
leimt unter den Tisch fallen kann. Sollte in Ak etwa der sumerische
Name des Mondgottes stecken? Es scheint doch so, als ob an dem
'Aku sum. = sem. Sin festzuhalten ist, vgl. Jensen, Kosmologie der
Babylonier 1890. S. 100. Hommel, die altisrael. Ueberlieferung in in-
schriftlicher Beleuchtung 1897. S. 161 f. und dazu Zimmern, theol.
Rundschau 1898. S. 321. Kohler bestreitet in Z. f. Ass. (450), dass
Šadrak und Mešak etwas mit diesem 'Ak', dessen Existenz ihm unwahr-
scheinlich, zu thun habe. Und Jensen W. Z. K. d. M. denkt bei Šadrak

בית . . . . ². אלהיו ואדרמלך ושראצר בניוּ¹ הכהו בחרב והמה
נמלטו ארץ אררט וימלך אסרחדן תחתיו:

an ein elamitisches šudruk-šutruk, welches als Abkürzung eines längeren
elamitischen Namens anzusehen sei. Aber אריּך Gen. 14 1. 6. Dan. 2 14
ist doch wohl Eri-Aku, das sumerische 'Arad-Sin. Indessen ein etwaiges
naṣir-Aku (נצרך) 'Aku-schützt' ist doch nur als menschlicher Personenname denkbar. Darauf würde etwa Jes. Gr. führen, der אלֹהיו mit
πατραρχον αυτου übersetzt. Am einfachsten denkt man an Nusku (נסכו,
daraus נסוך — נסרך). Dieser Gott begegnet uns unter der Liste der
grossen assyrischen Götter bei Salmanassar II., der ihn den »Träger
des strahlenden Scepters« nennt (Obelisk. 11. K. J. B. I. 131) ebenso
gehört er bei Assurbanipal (z. B. Annalen X. 33 ff. 118 f. vgl. Cyl. C.
105. K. J. B. II. 269) zu den zwölf grossen assyrischen Göttern. Demnach ist die Behauptung (Di.⁶ S. 329), dass Nusku eine wenig be-
deutende Gottheit war, dessen Cult im Assyr. sonst nicht bekannt sei,
nicht zutreffend. Nusku ist nach Jensen (Kosmologie S. 91. 137. 492 ff.)
= Gibil, d h. er ist der Gott der Sonnenglut. s. בניו f. in Kön. H
(Kethib), nicht Gr. Die ausserbibl. Berichte wissen nur von einem
Sohn, der Sanh. ermordete; vgl. die babyl. Chronik III. 34 f. aplu-šu ina
siḫi idûku-šu d. h.: sein Sohn erschlug ihn im Aufruhr (K. J. B. II. 281);
Nabu-nâid I. 35 f. mâru ṣi-it lib-bi-šu ina kakki u-ra-as-si-ib-šu, »der
Sohn, Spross seines Inneren, schlug ihn mit der Waffe nieder« (vgl.
Messerschmidt, Mitteilungen der vorderasiatischen Gesellschaft 1896. I.
5. 25). Endlich sagt Berossus bei Alex. Polyhistor (Eus. chron. ed. Schoene
I. 27, 25 ff.) »eum (Sinecherimum) XVIII annis stetisse in imperio et
structis ei insidiis a filio suo Ardumuzano e vita excessisse«. Nach
Abydenus (ibidem I. 35) 'a filio suo Adramelo interemtus est, at hunc
ejusdem frater Axerdis ex eodem patre, non autem ex eadem matre occidit'.
Man wird dem gegenüber gern geneigt sein, den bibl. Bericht von 2
Söhnen fallen zu lassen, zumal da אדרמלך als Personenname (vgl. אדרמלך
und ענמלך als Gottesnamen II Kön. 17 31) etwas auffallend ist. Aber
gerade auf diesen Namen scheint doch Ardumuzanus des Berossus zu
gehen; sollte אדרמלך dem Namen II Kön. 17 31 angepasst und aus
einem Ardumuzanus verändert sein (vgl. W. M. Müller, Z. A. T.
1897. S. 332 f.)? Vielleicht steckt in Ardu-muzanus das Richtige.
Dann wäre 'Ardu' das ass. Wort für Knecht, Diener. Aber muzanus?
שראצר soll dann nach Müller etwa Übertragung des fremdartig klingen-
den אדרמלך (also מלך = שר; אדר = אצר) = »bewahre (o Gott) den
König« sein. Aber ist nicht שראצר für einen Hebräer ebenso fremdartig
wie אדרמלך? Der Name findet sich nur noch in der verderbten Stelle
Sach. 7 1. Wenn nun auch auf die Worte bei Abydenus 'deinceps post eum
(Sinecheribum) Nergalus regnavit, qui a filio suo Adramelo interemtus
est', nichts zu geben ist, da sie nach Winckler (Z. A. II. 1887. 392 ff.)
irrig an diese Stelle gerathen sind, demnach die Meinung, dass Šareṣer

74

Kritik des Berichtes.

Das Bild, welches uns dieser Bericht von der Bedrohung Jerusalems und des jüdischen Reiches entwirft, ist also folgendes: Sanherib, der assyrische Grosskönig, lagert in Lakisch (V. 2). Von dort ab sendet er seinen Obersten, um Hizkia, der von Assur abgefallen ist (V. 5), und die Hauptstadt zur Uebergabe aufzufordern. Es ist nicht ersichtlich, ob Hizkia schon durch eine grosse Brandschatzung und Plünderung seines Gebiets mürbe

in H und Nergalus bei Abydenus die Teile des Namens Nergal-šar-uṣur darstellen, belanglos ist, so scheint doch der Erlass des Sanherib III R. 16, welcher zeigt, dass Sanherib den Assarhaddon bevorzugte und ihn zum Thronfolger ernannt habe (denn das soll doch wohl die Umnennung in Ašur-etil-ukini = »Ašur hat mich zum Herrn gemacht« daselbst bedeuten), die Vermutung nahe zu legen, dass etwa ein Complott der Benachteiligten vorliegt, die sich in ihrem Recht gekränkt glaubten. s. Assarhaddon stützt sich zunächst auf Babel. Von da aus rückt er nach Ninive. Der Aufstand dauert nach der bab. Chronik nur vom 20 Tebet bis 2 Adar, also $1^1/_2$ Monat. So rechnet der assyr. Eponymencanon seine Regierung von 681. Demnach erschiene unser Text, der die Flucht der Brüder nach Armenien vor die Thronbesteigung setzt, ungenau. Thatsächlich aber, wenn es auch so scheint nach der Darstellung des Assarhaddon in Cylinder B. (K. J. B. II. S. 142f.), als ob das Zusammentreffen mit dem feindlichen Heere der Brüder dem Einzug in Ninive vorangegangen sei, wird das doch nicht der Fall gewesen sein (Winckler G. Ass. 259. 3. Tiele bab.-ass. Gesch. II. S. 344). Vielmehr kann die Schlacht von Chanirabbat (Chanigalbat) bei Malathia erst dem Einzug in Ninive gefolgt sein. Denn dieser Ort (Melitene) lag an den Grenzen von Armenien in Kappadokien. Dass die Brüder sich hierher mit ihrem Heere zurückzogen, erklärt sich genügend aus der bitteren Feindschaft, die zwischen Assur und Urarti (אררט) seit lange bestand, und aus der wirklich gefährlichen Gegnerschaft der armenischen Stämme. Das Heer der Brüder liess es nicht zum Kampf kommen. Es trat zu Assarhaddon über. Die Brüder selbst mögen nach Armenien geflohen sein. Erst danach scheint Assarhaddon sich feierlich und förmlich haben zum König von Assyrien ausrufen lassen. Die babyl. Chronik wenigstens (K. J. B. II. 282f.) sagt »am 18. Sivan (also erst 680 im Mai) bestieg Assarhaddon, sein Sohn, in Assyrien den Thron«. Bemerkenswert ist übrigens, dass die Nachricht von der Flucht der Königssöhne nach Armenien nur in unserem Bericht sich findet.

gemacht worden ist. Die Thatsache, dass in der Rede des Rabšake jede Hindeutung darauf fehlt, spricht eher dagegen. Der V. 10 würde auch in dem Verstand einen guten Sinn geben, wenn man meint, Sanherib schicke sich an, das judäische Gebiet zu erobern und berufe sich zu dem Zweck auf einen besonderen Auftrag von Jahve. Dann bedeutete eben die Forderung der Uebergabe von Jerusalem eine Aufforderung zur Unterwerfung des ganzen Landes, welches dann nicht die Schärfe des Schwertes zu fühlen brauchte. Zwar V. 16 zeigt uns, dass die Landleute vor der assyrischen Gefahr in die befestigte Hauptstadt geflohen sind. Aber das braucht nicht zur Annahme einer schon vollbrachten Verwüstung des Landes zu führen. Die Befürchtung einer solchen erklärt diese Flucht zur Genüge. Dann würde die Belagerung von Lakisch als Anfang des judäischen Feldzuges aufzufassen sein [1]). Nach der Eroberung von Lakisch, die zwar nicht ausdrücklich erwähnt, aber doch wohl vorausgesetzt ist (37 8), wäre Sanherib dann vor Libna gezogen. Dass das der Meinung des Berichts entspricht, wir an den Anfang der Expedition versetzt werden, geht auch wohl daraus hervor, dass ein ägyptisches Heer nicht zur Stelle, eine Entscheidung zwischen Assur und Ägypten noch nicht gefallen ist (V. 6 und V. 9). Dass diese Verse nicht etwa auf das Kommen des Tirhaka zu beziehen sind, also etwa zwar eine Schlacht zwischen Assyrien und einigen Teilfürsten des Deltalandes schon stattgefunden, aber Hizkia noch auf Tirhaka, den eigentlichen Herrscher von Aegypten, vertraut hätte, ist unschwer als falsche Meinung zu erweisen. Zwar redet der Verfasser nur von dem Pharao (V. 6) von Aegypten. Dass er aber dabei nicht an Tirhaka denkt, zeigt zur Genüge der Titel מלך כוש, den Tirhaka 37 9 hat und zwar so mit Recht hat. — Die mit Namen genannten Boten des Königs Eljakim, der Hausminister, Sebna, der Secretär, und Joach, der Hofhistoriograph, verhandeln mit Rabšake. Die 2 ersten der Genannten und die ältesten der Priester werden zu Jesaja geschickt, um durch ihn Gottes Rath zu erfahren. Derselbe lautet, dass Hizkia sich nicht fürchten solle. Der Assyrer werde auf ein Gerücht hin, von einem Geist der Feigheit erfasst, umkehren und in seinem Lande auf Jahves Anstiften durchs

---

[1]) Das ist auch die Meinung des Chronisten (II Chron. 32 1ff.).

Schwert fallen. Und so geschiehts. Als Sanherib von dem Anrücken des Tirhaka Kunde erhält, macht er plötzlich kehrt. In Ninive, wo er verbleibt, wird er während einer gottesdienstlichen Handlung von Söhnen oder von einem Sohne niedergemacht. Die (oder der) Mörder fliehen darauf nach Armenien, und Sanheribs Sohn Assarhaddon folgt ihm auf dem Thron.

Es ist unverkennbar, dass der Bericht eine Reihe gut geschichtlicher Züge bietet. Wir hören hier, dass Sanherib vor Lakisch lagerte. Das wird durch eine assyrische Inschrift (s. u.) bestätigt. Auch die Angabe, dass er von Lakisch nach Libna gezogen sei, werden wir als auf guter Ueberlieferung fussend annehmen dürfen. Und wenn hier die Abgesandten des Königs Hizkia nach Namen und Stellung aufgeführt werden, so ist das gewiss Vertrauen erweckend. Es erscheint bedeutungsvoll, dass bei Schebna im Gegensatz zu Eljakim und Joach nicht der Vatersname genannt wird. Schebna war ein Ausländer, wie Jes. 22₁₅ zeigt [1]). Und wenn hier Eljakim als erster Minister des Königs, als sein Hausminister auftritt, während Schebna an zweiter Stelle genannt wird, so ist das um so glaublicher, als schwerlich ein späterer eine so scharf der bestimmten Vorhersage des Jesaja widersprechende Darstellung erfunden haben würde. Jesaja erwartet, dass Schebna nicht blos von seinem Posten gejagt und durch Eljakim ersetzt wird; er soll vielmehr in die Verbannung geschleppt werden und dort sterben [2]). Thatsächlich hat er zwar seinen hohen Posten dem Eljakim abtreten müssen, ist aber doch noch einer der obersten Diener des Königs ge-

---

[1]) Wenn auch die Worte על שבנא אשר על הבית vielleicht mit Duhm als Ueberschrift des Orakels aufzufassen und von ihrer jetzigen Stellung zu entfernen sind, so scheint mir doch gar kein Grund, die Beziehung des Worts auf Schebna und somit die Richtigkeit der Ueberschrift zu bezweifeln.

[2]) V. 24 f. halte ich mit Hitzig für spätere Zuthat. Dagegen erscheint mir der Versuch Duhms, dem sich Giesebrecht (die Berufsbegabung der alttestamentlichen Propheten 1897. S. 100) anschliesst, auch V. 19—23 zu verdächtigen, nicht als gelungen. Dass Jesaja den neuen Minister einsetzt, auch seine ganze Familie befördert wissen will, soll befremden. Da soll er nach Giesebr. in des Königs Machtbefugnis eingegriffen haben. Aber wird nicht dem Elias aufgetragen, sogar Könige ab- und einzusetzen (II Kön. 19₁₅ f.)? Und verfährt nicht Elisa in gleicher Weise (II Kön. 9₁ ff. 8₇ ff.)?

blieben. Und ein also vom Propheten hart angelassener Mann erscheint hier mit unter den Gesandten, die des Jesaja Rath und Fürbitte in des Königs Namen begehren! Das alles kann kaum sagenhaft, kaum Erfindung sein. Endlich spricht auch das Fehlen des 3ten Beamten, des Joach, vor Jesaja, für den dann die ältesten der Priester eintreten, für die Erzählung. Es wäre das, wenn wir es mit Dichtung zu thun hätten, doch etwas zu raffiniert. Dass dagegen irgend welche, vielleicht ganz äusserliche Gründe den König zu diesem Wechsel veranlassen konnten, liegt auf der Hand. Dazu kann man noch manches andere für die Treue unseres Berichts anführen. Zwar dass Rabšake an der Spitze eines חיל כבד erscheint, möchte ich nicht dazu zählen. Das könnte vielleicht als eine abgeblasste Erinnerung an die wirklich erfolgte Blockade oder Beobachtung zu nehmen sein. Diese selbst ist aber ja doch durch die ganze Tendenz der Erzählung ausgeschlossen. Von ihr weiss der Verfasser nichts. Auch dass Sanherib, obwohl er schon vor Lakisch lagert, doch noch nicht von einem Siege über Aegypten reden kann, lasse ich hier gleichfalls ausser dem Spiel. Man könnte nämlich darin eine Bestätigung der von Schrader[1]) u. a. vorgetragenen Meinung sehen, dass Sanherib erst bis Lakisch vordrang und dann dem heranrückenden ägyptischen Heere bis Altaku ausgewichen sei, um ihm dort eine Pyrrhusschlacht zu liefern. Aber die Aufforderung an Jerusalem liegt doch wohl hinter der Schlacht von Elteke. Jedenfalls weiss unser Bericht überhaupt nichts von einer Schlacht zwischen Assur und Aegypten. Sofort nach Rückkehr der Rabšake wendet Sanherib um, ohne eine Entscheidung mit Tirhaka herbeizuführen. Dagegen ist es geschichtlich zutreffend, wenn nach 36,12 Hizkia sich auf eine hartnäckige Belagerung gefasst gemacht hat. Das ist aus Jes. 22 wie aus dem Bericht des Sanherib ersichtlich. Ferner ist der Zug, dass Rabšake gebeten wird, aramäisch zu sprechen, gleichfalls bedeutungsvoll. Der schmeckt nicht nach Erfindung noch Sage. Es ist doch etwas anderes, wenn hier des Königs Boten hebräisch sprechen (und auch dies wird als besonders auffallend erwähnt), als wenn der König selbst (37 10ff.) an Hizkia einen Brief in hebräischer Sprache und Schrift richtet, was in B³ als selbstverständlich gar nicht einmal besonders bemerkt

---

[1]) K. A. T.² S. 304 ff.

wird. Weiterhin hören wir zwar aus den keilschriftlichen Berichten nichts vom Ausweichen Sanheribs vor dem Herankommen des Tirhaka. Es ist wohl anzunehmen, dass ein in Babel entstandener Aufruhr ihn zurückrief [1]). Aber die so bestimmte nur hier sich findende Nachricht vom Heranrücken des Tirhaka, die sich doch merkwürdig mit dem Bericht des Herodot berührt, klingt nicht nach Sage. Dazu kommt, dass Tirhaka hier König von Kusch heisst, was zutreffend ist. Denn wenn er auch wohl schon um diese Zeit der eigentliche Herr der ägyptischen Dinge war, so erscheint er doch als Pharao von Aegypten erst etwa vom Jahre 693 an. Ein assyrischer König hätte gewiss nie zugegeben, dass er vor einem Gegner zurückgewichen sei. Thatsächlich werden böse Nachrichten aus Babel wie die von Aethiopien heranrückende Gefahr zusammengewirkt haben, um den Entschluss zur Rückkehr bei Sanherib zu erwirken. Jedenfalls geht aber der Ausdruck שמועה Jes. 37₉ nicht auf heimische Nachrichten, sondern auf das Kommen des Aethiopiers. Wie gut endlich der Schluss, Sanherib sei von verwandter Hand gefällt worden, seine Mörder (oder sein Mörder) seien nach Armenien geflohen, danach habe Assarhaddon seines Vaters Thron bestiegen, mit den Inschriften zusammenstimmt, ist schon bemerkt worden. Die Nachricht von der Flucht nach Armenien steht nur hier. Sie ist jedenfalls zutreffend. So wird man das Gleiche auch von seiner Ermordung während einer gottesdienstlichen Handlung im Nusku-tempel annehmen dürfen.

Das alles könnte ja dazu führen, den Bericht als Quelle ersten Ranges zu nehmen und zur Aufhellung jener Episode nach Kräften heranzuziehen. Das ist auch geschehen und zwar, wie ich meine, zumeist nicht mit der genügenden Vorsicht. Denn das lässt sich ja doch wohl behaupten, dass auch dieser Bericht von einer Tendenz beherrscht ist, wenn diese auch nicht so durchgreifend gewirkt hat, wie das bei 37₁₀ff. nachgewiesen wurde. Sanherib lagert an der Südwestgrenze des jüdischen Landes. Eine Brandschatzung Judäas ist, scheint es, noch nicht erfolgt. Kaum erhebt der Assyrer die Hand dazu, Juda und Jerusalem in Besitz zu nehmen, da tritt Jahve auf den Plan und führt ihn nach Ninive zum Tode für sein übermütiges Begehren. So

---

[1]) Winckler, Geschichte Assyriens und Babyloniens S. 255.

schrumpft denn die Expedition sehr zusammen. Weder vor noch nach der Entsendung des Rabšake hat ein Waffengang mit Aegypten Platz, auch der Niederwerfung der anderen von Sanherib in diesem Feldzug unterworfenen Städte Syriens (geschweige Judäas) wird mit keiner Silbe in der Rede des Rabšake gedacht, wie nahe das auch lag. Zwar erscheint Rabšake mit einem חיל כבד. Aber das tritt nicht in Thätigkeit. Für das II K. 18₁₃b—₁₆ Berichtete hat unsere Erzählung keinen Raum. Die Tributabgabe und Unterwerfung kann nicht vor der Aufforderung zur Uebergabe stehen. Die Verse 36₄ff. nicht nur, sondern die ganze Tendenz der Erzählung schliesst das vollkommen aus. Diese verbietet es auch, sie etwa dem Wort des Jesaja sofort folgen zu lassen (37₇). Sanherib soll ja doch vollkommen unverrichteter Sache abziehen. Mit Recht hat man auch betont [1]), dass zwischen dem Tode Sanheribs (681) und seiner Umkehr (701) 20 Jahre liegen. Die Meinung des Referenten sei aber, dass der Umkehr sich sofort der Tod anschliesst. Das geht besonders daraus hervor, dass er dem Jesaja eine dahingehende Weissagung in den Mund legt. Denn natürlich kann, wenn Sanherib jetzt umgekehrt und nach 20 Jahren ermordet wird, nicht auch die Ermordung als Strafe Gottes für seine Kühnheit aufgefasst werden. Und das soll sie doch. Diese Weissagung selbst aber giebt zu gerechten Bedenken Anlass. Zwar dass zu dem Jesaja als einem hohen Herrn eine sehr feierliche Gesandtschaft geschickt wird, dürfte nicht so sehr auffallend sein (vgl. Num. 22₅. ₇. ₈. II Kön. 22₁₂. Jer. 27₃); auch dass hier die ältesten der Priester erwähnt werden, ist mir ohne Anstoss angesichts der Thatsache, dass auch in den Reden des Propheten Jesaja die Priester als die eigentlich herrschende Klasse des Volks erscheinen. Da können sie auch irgendwie ständisch gegliedert gewesen sein. Die Erwähnung des Hohenpriesters soll nach Duhm unterblieben sein, weil dieser zu hoch für solch eine Botschaft stand; einfacher ist es doch anzunehmen, dass der Verfasser ihn noch nicht kannte. Aber 1) war nicht des Jesaja Erwartung um jene Zeit eine andere? Er glaubte doch, dass Assur im heiligen Lande selbst fallen werde! (Jes. 17₁₂—₁₈. 14₂₄—₂₇). Eine einfache Umkehr und Ermordung des Königs im Heimat-

---

[1]) Wellhausen-Bleek⁴ S. 254.

lande entsprach ja doch gewiss nicht seinen Hoffnungen. Während nun in Jes. 37 16ff. die Ereignisse nach den Weissagungen des Jesaja gemodelt wurden, sind hier die Worte des Propheten nach den Ereignissen oder besser nach der Folge der Ereignisse, wie sie dem Verfasser vor Augen schwebte, gebildet. Ihm folgte der Tod des Sanherib sofort auf die Umkehr (37 37). So hat Jesaja das auch geweissagt (37 38). Daraus geht aber mit voller Deutlichkeit hervor, dass eben der Verfasser dem Propheten diese Weissagung in den Mund gelegt hat. Nur das scheint mir auch hier festzustehen, dass Jesaja zu jener Zeit des Sanherib in Jerusalem eine grosse Rolle spielte und sich auch gegen den Assyrer erklärt hat. So mag darin, dass der Verfasser den Jesaja hier handelnd auftreten lässt, ein guter geschichtlicher Kern stecken. Auch von hier aus zeigt sich die Behauptung Hackmanns, Jesaja habe stets an der Vorhersage der Zerstörung Jerusalems festgehalten, als unzutreffend. Gegen dies Resultat, dass V. 6f. von Jesaja nicht gesprochen sei, kann man nicht geltend machen, dass eine solche Ansicht eben dem Widerwillen gegen alles Supranaturale entstamme [1]). Denn darum handelt es sich hier gar nicht, und wenn man die Möglichkeit des Bildens der Geschichte durch die Gottheit und des Vorhersagens durch seine Propheten hier so stark betont, so ist das deshalb recht unglücklich, weil Gott durch den Propheten nicht die Geschichte verkündet, wie sie wirklich verlief, sondern wie sie nach der irrigen Erinnerung einer bedeutend späteren Generation sich abgespielt hat, die von dem Zwischenraum der 20 Jahre zwischen Umkehr und Tod des Sanherib keine Ahnung mehr hatte. Auch die jesajanische Färbung der Verse 3ff. verschlägt nichts. Sie findet sich mehr in der Anfrage des Königs, der zu dem Propheten in prophetischer Sprache redet, als in des Jesaja Antwort [2]). Das alles zeigt besten Falls, dass der Verfasser des Jesaja Reden gekannt hat, nicht aber dass diese Weissagung vom Propheten stammt. Also zeitgenössisch scheint der Bericht nicht zu sein. Steht er denn

---

[1]) So etwa Delitzsch a. a. O. S. 385.

[2]) So יהוה אלהיך vgl. 7 13 und die Thatsache, dass der קדוש ישראל den Zeitgenossen des Propheten als dessen besonderer Gott erschien; so das Bild vom Stehen des Knaben bei der Geburt (wenigstens bei Hosea Hosea 13 13); so das Wort vom übrig gebliebenen Rest (vgl. Schear-jaschub).

den Ereignissen zeitlich noch ziemlich nahe? Es könnte nach den zum teil guten geschichtlichen Nachrichten so scheinen. Doch muss auch diese Frage verneint werden. Zwar der auf V. 7 fussende Hinweis, dass der Verf. erst nach der Kultusreform des Josia geschrieben haben könne ¹), ist für uns nicht brauchbar, da wir den Vers für deuteronomischen Einschub halten. Dagegen bietet 36₆ einen festen Anhalt. Ezechiel 29₆f. äussert sich der Prophet Ezechiel über die Unzuverlässigkeit Aegyptens und seines Pharao folgendermassen: יען היותך משענת קנה לבית ישראל בתפשם בך בכפם תרוץ ובקעת להם כל כף ובהשענם עליך תשבר והמעדת להם כל מתנים: Es versteht sich von selbst, dass Jes. 36₆ nicht aus Zufall dasselbe Bild gebraucht; nur fragt es sich, auf welcher Seite die Abhängigkeit zu finden ist. Smend ²) sieht sie bei Ezechiel. Dagegen hat Sörensen ³) das Umgekehrte behauptet. Gleicher Meinung ist Duhm und Bertholet ⁴). Das ist jedenfalls das Zutreffende, wenn auch Dillmann erklärt, das nicht einsehen zu können ⁵). Hält man den Wortlaut Jes. 36₆: על משענת הקנה הרצוץ הזה על מצרים אשר יסמך איש עליו ובא בכפו ונקבה כן פרעה וגו neben den von Ezech. 29₆f., so wird man Sörensen recht geben, dass das Bild bei Jesaja entlehnt und vereinfacht sei. Dem הרצוץ (Jes.) muss eben das תרוץ (Ez.) vorausgegangen sein. Auf ein zerbrochenes Rohr stützt sich niemand. Auch ist Aegypten kein zerbrochener Stab, sondern ein solcher, der zerbricht, wenn man sich auf ihn stützt. Ferner ist das ja doch verwunderlich, wenn nach Jesaja das Rohr dem, der sich auf ein Rohr stützt, in die Hand fährt und sie durchbohrt; vielmehr den bringt es zu Fall, weil er sich auf ein Rohr stützt. Greift man dagegen ein solches Rohr fest mit der Hand an, so zersplittert es, schneidet in die Hand und verwundet sie. Bei Ezechiel ist das beides correct durchgeführt; die unpassende Vermischung der 2 Bilder in Jesaja erklärt sich nur aus der Abkürzung dieser Vorlage von Ezechiel. Wie sollte man sonst auf so eine wunderliche Vorstellung kommen, dass die Teile des zerbrechenden

---

¹) Bleek-Wellh.⁴ S. 255.
²) Der Prophet Ezechiel 1880. S. 230.
³) a. a. O. S. 20.   ⁴) Das Buch Ezechiel 1887. S. 152.
⁵) a. a. O.⁶ S. 313.

Spazierstocks die Hand zu durchbohren pflegen! Das Wort des Ezechiel fällt ins Jahr 587. Damit ist gegeben, dass unser Bericht nicht vorexilisch ist. Denn weder 587 noch 586 (Jahr der Eroberung von Jerusalem) wird ein Bewohner Judäas dies Wort des exilierten Ezechiel gekannt haben. In die exilische Zeit führt auch wohl die wunderliche Lockung des Rabšake, das Volk solle sich ergeben; Sanherib werde es in ein prächtiges Land verpflanzen. Für die, welche die Gebiete Babels als so besonders reich und fruchtbar kannten, musste das als eine grosse Versuchung erscheinen, wie denn auch die Mehrzahl der Verbannten später freiwillig in Babel verblieb [1]). Tiefer noch als in die exilische Zeit hinabzusteigen, erscheint nicht rathsam. Es liegt doch noch zu gute geschichtliche Tradition in unserem Berichte. Dabei weist nichts auf Ueberarbeitung einer schriftlich vorhandenen Vorlage, vielmehr alles auf Uebernahme und erstmalige Verarbeitung mündlicher Ueberlieferung. Dass eine solche mündliche Ueberlieferung etwa 580, d. h. 100 Jahre nach dem Tode des Sanherib noch gut anzunehmen ist, erscheint klar. Schwieriger wird die Sache aber, wenn wir bis in die Zeit der nachexilischen Gemeinde heruntersteigen. Gründe für die Ansetzung in so später Zeit liegen auch thatsächlich nicht vor. Der Ausdruck יהודית (36 11) statt עברית mag ja nicht sobald nach dem Fall des Nordreichs denkbar erscheinen; für einen exilischen Verfasser, für den ja doch die Stämme des Nordreichs nur noch in der Vergangenheit existierten, deckte sich doch עברית und יהודית vollkommen. Dass der Ausdruck aber womöglich in eine Zeit führe, »wo das Hebräische nur noch von den aus der Gefangenschaft zurückgekehrten Juden einigermassen rein gesprochen wurde, nicht mehr von den nächsten Nachbarn z. B. den Asdoditern (Neh. 13 24)« (Duhm), ist nicht zuzugeben. Vielmehr hat der Bericht jedenfalls dem 2ten deuteronomischen Redactor vorgelegen. Diesem gehört die Zusammenstellung von II Kön. 18 13—16. 17—19 9. 19 10—20.

---

[1]) Herodot I. 193 behauptet zwar, dass Babylonien weder Oel- noch Feigenbaum hatte; daraus schliesst Hitzig (a. a. O. S. 419), der den Herodot übrigens fälschlich auch aussagen lässt, dass in Babylonien kein Wein wuchs, der Rabšake habe nicht an Babylonien, überhaupt nicht an Mesopotamien gedacht. Doch scheint mir Herodots Behauptung nicht einwandsfrei. Auch im Zweistromland hatte man z. B. Feigen vgl. Solms. G. G. W. 1882 B. 28. S. 45f.

Seine Hand ist auch in dem eingefügten Verse 18 22 (Jes. 36 7) zu erkennen. Diesen R. aber der nachexilischen Zeit zuzuweisen, erscheint misslich. Wenn demnach bei Jesaja ein Hoherpriester nicht als Abgesandter (37 8ff.) erscheint, so kann das eher als Beweis für eine Zeit, die dies Amt noch nicht kannte, geltend gemacht werden. Denn wenn der Hohepriester in der persisch-griechischen Periode noch so hoch stand, so reicht er an die sagenhafte Höhe, welche damals den Propheten beigelegt ward, nicht entfernt heran, so dass eine Erniedrigung in seiner Sendung zu Jesaja schwerlich hätte gesehen und empfunden werden können.

Dass diese Erzählung völlig für sich steht, ist gewiss. Sie verträgt sich nicht mit 18 13b—16. Sie ist eine Parallele zu Jes. 37 9ff. Nur wurde sie von dem deuteronomischen R. nicht als eine solche empfunden. Wenn auch der R. in V. 7 (Kön. V. 22) seine Hand zeigt, so ist das doch sehr unschwer erkennbar. Die Einfügung löst sich leicht ab. Sonst aber steht die Darstellung, im Gegensatz zu Jes. 37 9ff., nicht nachweisbar unter dem Einfluss des Deuteronomiums. Wenn sie nun auch die Tendenz hat zu zeigen, dass Gott Jerusalem auch gegen Sanherib beschirmt, sich auch diesem überlegen gezeigt habe, so macht sich diese Tendenz doch nicht also breit, dass sie alles andere erstickte. Auch spielt hier der Prophet eine viel bescheidnere Rolle. Er ist doch nicht also wie in 37 9ff. der alles beherrschende Mittelpunct. Dem Buche Jes. 37 9bff. hat B.² demnach nicht angehört. Man kann nicht einmal mit Sicherheit behaupten, dass wir es hier mit einem Stück irgend eines anderen »Jesajabuches« zu thun haben. Denn aus dem ursprünglichen Fehlen des בן אמוץ zu ישעיהו הנביא (Jes. 37 2) zu schliessen (Duhm), dass in der Quelle, aus der unsere Geschichte stammt, noch andere Erzählungen von Jesaja vorhergingen, in welchen er als בן אמוץ eingeführt wurde, erscheint recht kühn. ישעיהו הנביא war wohl bekannt genug, so dass es des Zusatzes בן אמוץ schwerlich bedurfte, selbst wenn vorher von ihm noch nicht die Rede war. Vielmehr macht das Ganze mehr den Eindruck, als habe ein frommer Mann die grosse That Gottes an Jerusalem zu jener Zeit schildern wollen; bei dieser Geschichte spielte auch Jesaja eine Rolle, aber auf ein Jesajabuch führt uns das noch nicht. Man kann demnach nicht sagen, ob der Abschnitt von Anfang an für sich componiert wurde oder einem grösseren Zusammenhange entnommen ist. —

V. Jes. 37, 22—29.

Zum Schluss verlangt auch noch das Lied Jes. 37 22—29 = II Kön. 19 21—28 eine besondere Behandlung, da es sich ja auf die gleichen Dinge bezieht. Zunächst der Text:

22 (21)זה הדבר אשר דבר יהוה עליו^b
בזה לך לעגה לך בתולת בת ציון
אחריך ראש^c הניעה בת ירושלם:
23 (22)את מי חרפת וגדפת ועל מי הרימות^d הקול
ותשא מרום עיניך על^e קדוש ישראל:
24 (23)ביד עבדיך חרפת אדוני^f ותאמר
ברכבי^g אני עליתי מרום הרים ירכתי לבנון
ואכרת^h קומת ארזיו מבחר ברושיו
ואבוא מלוןⁱ קצו יער כרמלו:

V. 22. a. Diese Ueberschrift weist auf ein selbständiges Lied hin. Sie ist unpassend nach V. 21 und deutet an, dass das Lied anderswoher eingeschaltet worden ist. b. Das עליו wird dann wohl aus einem ursprl. על סנחריב geändert worden sein. c. Kön. Gr. ראשה, möglich wenn auch nicht nötig vgl. Ps. 22 8. d. Reg. חרימות קול Jes. קול הרימותה; vielleicht am besten הרימות הקול, da man den Art. ungern vermisst. Budde (Z. A. T. 1892. S. 33 ff.) streicht ועל מי des Kina-metrums wegen als verdeutlichenden, aber unnötigen Zusatz. Scheint mir willkürlich. e. Jes. אל, aber man wird entweder על מי und על קדוש lesen müssen, so Kön.; oder beide Male אל. | V. 24. Budde a. a. O. streicht 24 a als einen nur zur Verdeutlichung eingeschobenen Satz. Aber das ותאמר ist unentbehrlich. K. מלאכיך statt עבדיך, Gleichmacherei nach V. 9. f. zu 1. אדוני? (Kl.) g. Jes. ברב רכבי, Kön. ברכב רכבי; hier ist wie oft das Korrigendum (רכב) stehen geblieben. l. entweder ברכב oder besser ברכבי. Jes. hat dann aus ברכב gemacht ברב. Es kommt nicht darauf an, dass er mit vielen Wagen, sondern dass er überhaupt mit Wagen die unwegsamsten Gebirge überschritt. Die ass. Könige rühmen sich dessen mit Vorliebe vgl. Tiglat-Pilesar I. (K. J. B. I. S. 21. Z. 9 f. S. 23. Z. 69. S. 25. Z. 44. S. 31. Z. 53), Assur-naṣir-pal (K. J. B. I. S. 61. Z. 45 ff. S. 87. Z. 95 ff.), Salmanassar II. (K. J. B. I. S. 165. Z. 42). So erzählt auch Sanherib (K. J. B. II. S. 87. Z. 66): »In hochragenden Waldgebirgen, schwierigem Terrain, ritt ich zu Pferde und liess den Wagen meiner Füsse mit Gurten hinaufbringen«. Auch das Abschneiden köstlicher Cedern und Cypressen (Salmanassar II. vgl. K. J. B. I. S. 131. Z. 30. S. 141. Z. 96 f. Z. 99 f.) oder Verpflanzen aus den syrischen Gebirgen (Tigl. Piles. 1. K. J. B. I. S. 41. Z. 17) wird berichtet. Budde, der mit Jes. und Kön. Kere רכב ביב liest, meint der Vers — לבנון ביב enthalte eigentlich zwei Verse; der erste schliesse mit הרים. Vom 2ten sei nur die

(24)25 אֲנִי קַרְחִי* וְשָׁתִיתִי מַיִם¹
וָאַחְרִיב בְּכַף פְּעָמַיْ כֹּל יְאֹרֵי מָצוֹר:
(25)26 הֲלֹא שָׁמַעְתָּ לְמֵרָחוֹק אוֹתָהּ עָשִׂיתִי
לְמִימֵי ᵃ קֶדֶם וִיצַרְתִּיהָ עַתָּה הֲבֵיאתִיהָ
וּתְהִי לְהַשְׁאוֹת° גַּלִּים ᵖ נִצִּים עָרִים בְּצֻרוֹת:

---

zweite Hälfte erhalten (לבנון ירכתי); die erste sei ausgefallen. Da ist doch wohl zu viel Gewicht auf das Metrum der Kina gelegt. h. lies יְ, denn nicht was er thun will, sondern wessen er sich als durch seine Kraft vollzogen rühmen kann, das kommt in Frage. Darum ist natürlich auch die Schreibung אבואה in Kön. falsch. i. Jes. falsch מיום. | V. 25. k. Vielleicht besser zu l. בָּרָתִי: wenigstens kommt sonst nirgends ein קוּר vom Ausgraben des Brunnens vor. Deshalb kann man vielleicht trotz des מקור an der Existenz eines קור = כרה zweifeln. Uebr. l. Jes. Gr. קרח, denn sein γέφυραν ἔθηκα ist = לָתֵת שָׁתִי (Ges.--Buhl. Lex.). l. in Kön. H und Gr. מים זרים; Budde hält an זרים fest, dessen Fehlen ja allerdings den Kina-Vers zerstören würde, andrerseits aber in Jesaja trotz des dort herrschenden Verkürzungsstrebens nicht recht verständlich wäre. זר wohl hinzugefügt aus der Erwägung, dass es doch nichts Besonderes ist, sich Brunnen zu graben und das Wasser aus ihnen zu trinken. Aber fremde Brunnen benutzte er als seine eigenen, ohne dass es ihm jemand wehren konnte, vgl. Prov. 9 17. Gen. 21 22ff. 26 19ff. Doch ist זרים unpassend. Wenn er die Brunnen gräbt, ist das Wasser auch sein eigenes (vgl. Gen. 21 22ff. Gen. 26). Der Assyrer rühmt sich, dass nichts sein Vorwärtsdringen hat hindern können, weder steile Berge noch wasserlose Wüsten. Ich finde nur bei Assarhaddon und Assurbanipal, dass sie gelegentlich sich rühmen, auch wüste Strecken mit dem Heer durchzogen zu haben. So sagt Assarhaddon (K. J. B. II. S. 131, Z. 25ff.), dass er Bazu, einen fern gelegenen Bezirk, einen trockenen Ort, einen Ort des Durstes, nach Durchquerung eines Gebietes, dessen Fläche 20 Meilen voll Schlangen und Scorpionen war (vgl. dazu Jes. 30 6), erreicht habe. (vgl. auch K. J. B. II. S. 147. Z. 10ff.) Von Assurbanipal hören wir (K. J. B. II. S. 221. Z. 87 ff.), dass er im Kampfe gegen die Araber in das Land Maš »einen Ort der Verschmachtung und des Durstes, wohinein kein Vogel des Himmels fliegt und worin Wildesel und Gazellen nicht weiden« gezogen sei. Die Truppen lagern an Wassercisternen und schöpfen zu ihrer Tränkung und ziehen dahin über einen Erdboden des Durstes und einen Ort des Verschmachtens. Weiter bemächtigt er sich der Cisternen und führt dadurch die Auflösung des gegnerischen Heeres herbei. Wenn es nicht zufällig ist, dass, so weit ich sehe, erst bei Assarhaddon (681—68) und Assurbanipal (668—26) solche Wüstenzüge als besondere Heldenthaten erwähnt werden — und das ist nicht wahrscheinlich, denn wie die früheren Könige doch mit sichtlichem Behagen von den Zügen durch

27 ‏(26)וְיֹשְׁבֵיהֶן⁹ קִצְרֵי יָד חַתּוּ וַיֵּבֹשׁוּ'
‏הָיוּ [כ]עֵשֶׂבˢ שָׂדֶה וִירַק דֶּשֶׁא
‏חֲצִיר גַּגּוֹת וּשְׁדֵמוֹת שְׁדֵפֹת קָדִיםᵗ:
28 ‏(27)לְפָנַי קֻמְךָ" וְשִׁבְתְּךָ וְצֵאתְךָ וּבוֹאֲךָ יָדָעְתִּי:
29 ‏(28)יַעַן הִתְרַגֶּזְךָ אֵלַי ˘ וְשַׁאֲנַנְךָ" עָלָה בְאָזְנָי
‏וְשַׂמְתִּי חַחִי בְּאַפֶּךָ וּמִתְגִּי בִּשְׂפָתֶיךָ
‏וַהֲשִׁיבֹתִיךָ בַּדֶּרֶךְ אֲשֶׁר בָּאתָ בָּהּ:

unwegsame Gebirge berichten, würden sie sich gewiss auch nicht das Hervorheben der Durchquerung der Wüste haben entgehen lassen —, dann wäre auch die Bemerkung קרח־מ״ב für die zeitliche Ansetzung von Bedeutung. Es würde bestätigt werden, was sich aus וְאַחֲרִיב u. s. w. ergiebt. Natürlich ist die futur. Fassung וְאַחֲרִיב ganz unhaltbar. Dann aber rühmt sich der Assyrer thatsächlich, das Delta beschritten, die zahlreichen Arme des Nil gewissermassen trocken gelegt, als trockenes Land behandelt zu haben. Weder Wasserlosigkeit noch Wasserfülle konnten ihn aufhalten. m. כף פעמי fehlt Jes. Gr. Budde ist geneigt, כל zu streichen, um einen besseren Kinavers zu bekommen. | V. 26. n. Jes. nur מרמי. o. Nach Budde ist יחהי vielleicht nur Dittographie der 3 letzten Buchstaben von הבאתיה. Kön. להשת. p. Jes. Gr. גוים irrig. | V. 27. q. Jes. Gr. hat fälschl. ישביהן zu V. 26 gezogen. r. Jes. falsch יבשו. s. Man vermisst ungern ein כ der Vergleichung (so auch Bickell). t. II K. lauten die 3 letzten Worte: ושדפה לפני קמה, in Jes. קמה; Kön. Gr. hat für שדפה: πάτημα, also wohl מרמס Syr. דושא, was Buhl billigt; das ist Auskunft der Verlegenheit; Jes. Gr. 'καὶ ὡς ἄγρωσις' (Eselsfutter) giebt gar keinen Anhalt. Der Sinn soll schwerlich sein: sie gleichen schwachem, widerstandslosem Grün. Die Ausdrücke (z. B. ירק דשא, auch הציר־גגות, das ist das schnell und zunächst geil aufschiessende Gras auf dem Dache) führen darauf, dass der Ton auf der Frische und Ueppigkeit der Grünes liegt. Darum passt שדפה (Kön.) etwa = 'Brandkorn' nicht. Ebenso wenig Kl. הציר גגות ושדמים »das Gras der Dächer und Dünen«. Man wünscht doch ein Wortpaar, welches dem Sinn nach dem ersten Paar parallel läuft. Dazu erwartet man am Ende die Erwähnung eines diese Pflanzen plötzlichen dahinraffenden Geschicks. Dem entspricht obige Conjectur, die auf Jes. und Kön. sich stützt und auch wohl dadurch empfohlen wird, dass der Rhythmus dann vollkommen ist. Zu שדפת קדים vgl. Gen. 416. 23. 27. קדים nach Then. Del. Kl.; man könnte auch lesen ושדמות שדה הקדים, und שדה הקדים als Relativsatz ohne Relativum auffassen. | V. 28. u. So mit Wellh. (Bleek⁴ S. 257, Composition des Hexateuch² S. 360) anstatt des לפני קמה die meisten Neueren. Der genauere Parallelismus hier fordert ein שבתך entgegengesetztes Wort. Budde widersetzt sich dieser Conjectur und ist geneigt שבתך zu streichen, beides aus metrischen Gründen. | V. 29. v. Dass ואת התרגזך אלי und יען התגזך אלי nicht neben einander Platz haben ist klar. Viel-

Kritik von Jesaja 37₂₂—₂₉.

Der Abschnitt 22—29 enthält ein Orakel in Form eines Liedes. Wenn auch das Lied dem Zusammenhang, in dem es jetzt steht, ursprünglich fremd war, darf doch mit Sicherheit behauptet werden, dass es nur auf den vergeblichen Versuch des Sanherib, Jerusalem zu erobern, bezogen werden kann. Grossthaten, deren die Assyrer sich rühmen, werden aufgezählt. Ihr Mut wird an Jerusalem zu schanden; Zion verspottet den Feind, der mit leeren Händen abzieht. Uebrigens scheint das Lied sich auf dem Boden von Bericht [2] zu bewegen. Die »Boten« des Assyrers haben Jahve verspottet (V. 24). Bericht [3] redet von einem Briefe des Königs selbst. Die Jungfrau Zion schüttelt höhnend ihr Haupt hinter dem erfolglos abziehenden Feinde. Bericht [3] scheint gegen B.[2] von vollständiger Vernichtung, nicht von Abzug geredet zu haben. Ob übrigens das Lied eine grössere Verwüstung (vgl. II K. 18₁₃) des judäischen Landes voraussetzt, lässt sich nicht sagen. V. 26 f. kann sich im allgemeinen auf die Eroberungs- und Verwüstungskriege der Assyrer beziehen; ja es ist mir sogar wahrscheinlich, dass dies Verständnis das bessere ist. Denn das, dessen er sich rühmt, nämlich die Welteroberung und Verwüstung (V. 24 f.), hat er auf Anordnung Jahves hin thun müssen (V. 26 f.). Die Gotteslästerung des Assyrers besteht nicht in einer offenen Erklärung der Ohnmacht Jahves (Bericht [3]), sondern in der anmassenden Anschauung, als ob alle die beispiellosen Erfolge der Assyrer nicht Jahves Willen und Macht, sondern der eigenen Kraft zu verdanken wären. Das passt gut zu Bericht [2] (nach unserer Feststellung des Textes). Es würde aber auch recht gut der jesajanischen Auffassungsweise entsprechen (Jes. 10₅ff.). Ich glaube auch, dass das Lied jesajanisch sein will, wie z. B. das so wirkungsvoll gebrauchte על קדוש ישראל, des Jesaja eigentliche Gottesbezeichnung, andeutet. Aber es ist der Jesaja von Bericht [3], der hier redet, nicht der wirkliche.

---

leicht (?) hat Jes. Gr. auch nur eins von beiden gelesen (ὁ δὲ θυμός ὅν ἐθυμώθης). Durch Streichung eines der beiden Glieder wird auch der Vers in seinem Bau besser. Im Interesse des Parallelismus ist übrigens (gegen Duhm) ידעתי als Verbum zu צאתך ובאיך zu belassen. Das אל — יען entspricht dann dem עלה באזני wie das התרגזך dem שאננך. w. Nach Budde vielleicht besser שַׁאֲנַנְךָ.

Dass Gott dem Assyrer einen Ring in die Nase lege, ihn unverrichteter Weise auf dem Wege, den er kam, zurückkehren lassen wird, ist wie oben bemerkt, nicht des Jesaja Erwartung gewesen. Des Assyrers Sturz und Untergang angesichts der heiligen Stadt, im heiligen Lande und seinen Bergen hat er ausgesagt (Jes. 17 13—18. Jes. 14 24ff. 10 27ff.). Das Lied deckt sich vielmehr auch in dieser Hinsicht vollkommen mit der in Bericht ² ausgesprochenen Erwartung (37 6). Es legt sich die Vermutung nahe, es in gleichen Kreisen und etwa zu gleicher Zeit entstanden zu denken. Für die zeitliche Ansetzung ergeben sich einige sehr bestimmte Merkmale. Da es deutlich dem Sinn des Textes widerspricht, in V. 24 nach Weise der Punctatoren die Imperfecta futurisch zu fassen, so rühmt sich der Assyrer »mit seiner Fusssohle alle Ströme Aegyptens« trocken gelegt zu haben. »Dass die Demütigung Aegyptens durch Sargon in der Schlacht bei Raphia 720 und bei Gelegenheit des Feldzuges gegen Asdod (Jes. 20) 711 als Unterlage für diese Grosssprecherei« genüge [1]), ist eine ebenso kühne wie irrige Behauptung. Es werden Grossthaten der Assyrer angeführt. Ihr Unrecht ist nicht, dass sie dieselben verrichtet haben — das kann ihnen niemand abstreiten — sondern dass sie das alles der eigenen Kraft zuschreiben. Es ist den assyrischen Königen trotz aller Prahlerei nicht vorzuwerfen, dass sie wie die Pharaonen unglaublich gelogen haben. Wohl haben sie übertrieben, schön gefärbt, Niederlagen verdeckt, oder auch gar als Siege dargestellt, — aber dass sie die Demütigung Aegyptens auf palästinensischem Boden als ein Ueberschreiten, Trockenlegen der Nilausflüsse bezeichnet hätten, ist gewiss irrig. Wie sollten sie zu einem so wunderlichen Ausdruck kommen? Nun ists ja aber überhaupt der hebräische Verfasser der redet; der will doch den Assyrer nicht lügen, sondern in gottloser Weise sich seiner bekannten Thaten rühmen lassen! Stade hat demnach recht, wenn er dies Lied nicht vor Assarhaddon entstanden sein lassen will. Assarhaddon hat zuerst den Angriff gegen Aegypten selbst gemacht und dies Land zu Assur geschlagen. Assurbanipal hat es wieder erobert und festgehalten. Demnach kann das Lied nicht vor Assarhaddon verfasst, nicht jesajanisch sein. Und in diesem Zusammenhang erscheint es

---

¹) Dillm. a. a. O.⁵ 326; ⁶ 324.

denn vielleicht auch nicht ohne Bedeutung, dass wir von berühmten Wüstenzügen der Assyrer erst seit Assarhaddon vernehmen. Die erste Nachricht vom Einzug eines ägyptischen Heeres fällt in das Jahr 675, der entscheidende Schlag aber erst in's 10te Jahr des Assarhaddon (671). Also vor 675 könnte das Lied kaum entstanden sein. Tiefer führt uns V. 26. Derselbe erinnert durchaus (auch im Ausdruck) an Gedanken, wie sie bei Deuterojesaja so gern hervortreten. Daraus dass Jahve im Gegensatz zu den heidnischen Göttern alles מִקֶּדֶם (Jes. 45 21. 46 10 vgl. 44 7) vorhergesagt und verkündet hat, ist für Israel der Beweis zu entnehmen, dass er allein Gott ist und dass er eben alles vorher wissen konnte, weil er es selbst bildete; [zu den Ausdrücken V. 26, und zwar zu יצר vgl. Jes. 46 11; zu עשה in diesem Zusammenhang 46 11 und 12; desgleichen dann zu בוא für das Eintreten der geweissagten Dinge 44 7. 46 12, Jesaja hat dafür קום und הָיָה (7 7. 8 10)]. Nun wirft ja Jesaja in einer gewiss echten Rede (Jes. 22 11) seinen Zeitgenossen vor, dass sie sich auf alle möglichen äusseren Mittel verliessen, nur nicht auf den »schauten, der es macht (עֹשֶׂיהָ), und auf den, der es von fernher bildet (יֹצְרָהּ), nicht sehen«, ihn als Herrn der Geschichte weder in Wort noch in That anerkennen. Und man hat behauptet, dass hier nichts anderes ausgesagt wird wie dort.[1]). Dort handelt es sich um einen Tadel, der Jerusalem und sein Volk trifft, dass sie keinen Glauben, kein Vertrauen zu Jahve, ihrem Gott, haben. Hier aber wird dem Assyrer zu Gemüt geführt, dass alles, was er gethan, ja schon längst von Gott gebildet und jetzt in die Erscheinung getreten sei. Ob er das nicht gehört? Die Frage ist natürlich in bejahendem Sinne gemeint. Der Assyrer hätte durch das Hören von dieser göttlichen Vorbereitung zum Bewusstsein seiner eigenen Ohnmacht und Gottes Allmacht kommen müssen. Das ist die Meinung. Aber wie sollte er denn dazu kommen, das zu hören? Doch wohl nur durch die Weissagungen des Jesaja selbst. Und die sollte Jesaja als מִימֵי קֶדֶם, מֵרָחוֹק bezeichnet haben?! Besonders aber weiss sich Jesaja doch nur als Propheten Israels, nicht Assurs. Ist es nicht ungereimt, dass er von Assur Bekanntschaft hebräischer Weissagungen verlangt? Thatsächlich hat das הלא שמעת hier gar keinen Sinn. Der Gedanke, den man erwartet und der

---

[1]) Dillm.⁶ a. a. O. S. 324.

echtjesajanisch sein würde, könnte folgender sein: »der Assyrer sagt: ich habe mir alles zu verdanken. Das ist ein Irrtum. Gott hat alles von langer Hand vorbereitet und benutzt den Assyrer nur zu seinem Zweck«. Also V. 26 müsste etwa beginnen: ואני למרחק אותה עשיתי. Nun wird aber durch das הלא שמעת ein fremder Gedanke hineingebracht: weisst du nicht, von lange habe ich es bereitet — jetzt lasse ich es geschehen; also ich bin ein lebendiger Gott. In Deuterojesaja wird die Vorhersagung des jetzt sich Erfüllenden betont, um Israel zum Trost auf Jahves Allmacht und Allwissenheit zu pochen (46 9ff.) oder sie wird an die Adresse der Heiden (45 18ff.) gerichtet, um die Ohnmacht ihrer Götter gegenüber Jahve ihnen und besonders Israel vor Augen zu führen. Deuterojesaja scheint doch recht mechanisch ausgeschrieben zu sein. Das הלא שמעת, das natürlich nur auf Israel passt (vgl. Dtj. 40 28), ist hier ohne Nachdenken übernommen, wo es doch recht störend wirkt. Diese hiermit gegebene späte Abfassung des Liedes legt sich auch nahe, wenn man etwa annimmt, dass in V. 25 der Glaube an eine himmlische Fertigstellung der Dinge, die dann zu einer bestimmten späteren Zeit ins irdische Dasein gerufen würden, ausgesprochen wird. Das nötigte dann in eine Jesaja recht ferne Periode hinabzugehen. Da nun Deuterojesaja kaum vor 540 anzusetzen ist, V. 25 aber wohl mittelbar oder unmittelbar auf Jes. 40 28. 44 7. 45 21ff. 46 10ff. zurückgreift, so ist 22—29 schwerlich vor Ende der babylonischen Verbannung entstanden. Wenn das recht ist, so wird doch das Bild von dem am Nasenring (V. 29) geführten Tier als aus Ezechiel entnommen gelten müssen (Ez. 19 4. 29 4. 38 4). Die Frage, ob Jes. 37 22—29 irgend einer Quelle (B.² oder B.³) angehört, wird mit nein beantwortet werden müssen. Das Lied hat weder in B.² noch B.³ Raum; es ist eine Parallele zu Jes. 37 6f. auf der einen, Jes. 37 33ff. auf der anderen Seite. Es lässt sich auch nicht behaupten, dass es durch die deuteronomistische Redaction an diese Stelle gekommen ist. Zeichen deuteronomischer Redaction irgend welcher Art liegen nicht vor. Das Lied kann auch zu den Teilen des Königsbuches gehören, welche erst nach der 2ten deuteronomischen Redaction Aufnahme gefunden haben. Sachlich bietet es neben B.² nichts Neues.

VI. Die assyrischen Berichte.

Um ein richtiges Urteil nicht blos von den geschichtlichen Hergängen in Judäa im Jahre 701, sondern auch von den judäischen Berichten über dieselben zu erhalten, ist ein näheres Eingehen auf die keilschriftlichen Darstellungen geboten. Es kommen hier bekanntlich insonderheit 2 Kundgebungen aus der Zeit des Sanherib in Betracht. Die erste (I R. 7 No. 7) bietet sich in der Unterschrift eines Bas-Reliefs, und besagt: »Sin-ahe-erba König der Gesamtheit, König von Assyrien setzte sich auf einen erhabenen Thron; die Gefangenen von Lakisu marschierten vor ihm auf«[1]). Das Bild (siehe eine Abbildung bei Riehm H. B. A.² 1380, besser und schärfer Kellner, the Prophecies of Isaiah Cambridge Mass. 1895 S. 24) zeigt uns den König auf einem Thron sitzend inmitten eines von Bäumen und besonders Palmen stark bedeckten Gebiets. Hinter ihm halten verschiedene Kriegsgespanne. Vor ihm erscheint eine Reihe waffenloser Männer, von denen die ersten auf den Knieen liegen und die Hände bittend erheben; die dahinter stehenden knieen zwar nicht, aber die erhobenen Hände, die Waffenlosigkeit zeigen, dass sie ebenfalls Gefangene sind. Naturgemäss knieen nur die ersten, die vor dem König angelangt sind. Auf einen Gefangenentransport weist auch die Einrahmung dieses Trupps durch assyrische Soldaten. Links vor dem König (d. h. im Bilde links unten) scheint noch die Schlacht zu wogen. Doch widerspricht dem, dass Sanherib sich auf einem Throne niedergelassen hat. Es sind doch wohl verschiedene, zeitlich auseinander liegende Dinge auf einem Bilde dargestellt. Nach Beendigung der Schlacht lässt der siegreiche König sich auf seinem Throne nieder und mustert die Gefangenen. Diese Inschrift ist deshalb von Wichtigkeit, weil sie einen Zug aus dem Feldzug festhält, der sonst in den assyrischen Annalen nicht berichtet ist, dagegen vortrefflich mit den biblischen

---

[1]) So, nicht: »er liess die Kriegsbeute vor sich bringen« ist zu übersetzen vgl. m. Jesaja u. s. Zeit S. 12. Zu eteķu in transitiver Bedeutung des I. 1 hat Delitzsch nur unsere Stelle als Beleg! Es ist erlaubt, an dieser Uebersetzung zu zweifeln. Zu šallatu als Gefangenen vgl. 'šallasunu' verbrannte ich mit Feuer Assurn. I. 108, und ana šallati amnu: rechnete als Gefangene, Sanh. III. 5.

Nachrichten von einem Lagern des Assyrers vor Lakisch übereinstimmt. Mehr kann man nämlich nicht aus ihr erschliessen (so etwa eine Bestätigung der Entrichtung von den Abgaben des Hizkia oder der Juden an den gerade zu Lakisch lagernden König) [1]. Eine I R. 43 15 erhaltene Inschrift (vgl. auch K. A. T.² 286 f.), die da mitteilt, dass Sanherib Luli von Sidon durch Tubaʿlu ersetzt, diesem Abgaben auferlegt, und zugleich den weiten Landstrich des judäischen Gebietes wie seinen König abhängig machte, bringt nichts Neues über die Annalen hinaus; nur dient sie wohl zum Beweis, dass Schraders Behauptung [2], Jerusalems Bedrohung sei nur eine nebensächliche Episode in diesem Kampf, die übrigens auch der Darlegung der Annalen Gewalt anthut, nicht zutreffend ist. Von allen den Thaten in den Annalen rühmt sich Sanherib hier nur der Unterwerfung von Phönikien und Judäa. Sie scheinen ihm darnach wohl die wichtigsten. Die hauptsächlichste und eingehendste Mitteilung der Assyrer haben wir nun in dem bekannten und viel besprochenen Abschnitt des Taylorcylinders (I R. 37, Col. II 34ff.), der nur wenig abweichend auf den Kujundschick-Stieren (III R. 12 18—32) wiederkehrt. Es ist doch zuerst nötig — und dagegen wird meist gefehlt —, den assyrischen Bericht ganz für sich zu nehmen. Man darf sich weder von vorneherein auf die Seite Sanheribs stellen und seine »Ehre retten« und die biblischen Berichte »lügen« lassen [3], noch auch umgekehrt Sanheribs Bericht nach den biblischen corrigieren [4]. Es ist gleichfalls unzulässig durch eine Combination der jesajanischen Weissagungen mit Sanheribs Annalen (so Sörensen) das Bild zu füllen und z. B. Sanheribs Aussagen zum teil auf den Kopf zu stellen, oder Königsbücher und Annalen als gleichwertig zu behandeln (so Schrader), ohne sich mit der Quellenfrage näher abzugeben. Vielmehr muss auch hier zuerst die Frage nach der Zeit und der Zuverlässigkeit des Berichts beantwortet werden. Wenn sich ja nun auch die Erzählungen und Annalen der assyrischen Könige als weit zuverlässiger erwiesen haben denn die der ägyptischen Pharaonen, so ist damit

---

[1] So z. B. Sörensen a. a. O. S. 16 u. a.
[2] a. a. O. S. 305.
[3] Floigl: die Chronologie der Bibel, des Manetho und des Beros. Leipzig 1880. S. 31. Derselbe, Cyrus und Herodot. 1881. S. 169.
[4] Tiele, babyl.-assyr. Geschichte S. 26.

von ihnen doch noch nicht volle Vertrauenswürdigkeit zu behaupten. Wo, wie bei den Königsberichten, der Schreiber im Namen und Auftrag des Königs redet, der König in der ersten Person spricht, ergiebt es sich von selbst, dass Nachteiliges möglichst gemildert oder vollkommen ausgelassen wird. Die im Alten Testament sprichwörtliche Prahlerei der assyrischen Könige ist durch ihre Kriegsberichte nach allen Seiten hin als wahr bestätigt worden. Leicht werden die Erfolge zu stark aufgebauscht, Misserfolge verschwiegen worden sein [1]). Ja, es geht auch wohl bis zu directen Unwahrheiten. Wenn z. B. Sargon behauptet, am Anfange seiner Regierung Humbanigaš von Elam (721) bei Dur-Ilu geschlagen zu haben [2]), so steht dem die, wohl zutreffendere Nachricht aus der babylonischen Chronik gegenüber [3]): »im zweiten Jahre Merodach-Baladans lieferte Ummanigaš, König von Elam, in dem Bezirke von Dur-ilu Sargon dem Könige von Assyrien eine Schlacht. Er überzog Assyrien mit Verwüstung und erschlug ihrer viel«. Konnte es ein Cäsar nicht über sich gewinnen einzugestehen, dass er, wie Tacitus es ausdrückt, mit den Germanen sich in die Erfolge geteilt habe, sucht er vielmehr, seine Misserfolge gegenüber den Deutschen zu verdecken und durch seine scheinbar so objective Berichterstattung Vertrauen zu erwecken, wie viel weniger kann man von einem Sanherib erwarten und verlangen, dass er seine Misserfolge nicht blos zugab, sondern sogar selbst berichtete. Was nun insbesondere die Erzählung der syrischen Expedition Sanheribs betrifft, so gehört diese dem sogenannten Taylorcylinder an; derselbe ist laut Unterschrift am 20. Adar des Archontates von Belimurani, dem Präfecten von Gargamisch, d. h. im Jahre 691 abgeschlossen [4]). Es könnte also ein Zwischenraum von 10 Jahren zwischen Abfassung des Berichtes und der syrischen Expedition angesetzt werden, was ja für die Kritik nicht unwesentlich wäre. Aber ein Blick auf die genauen Orts- und Zahlangaben beweist, dass wir bestimmte, zur Zeit des Feldzuges gemachte kurze Notizen, die vielleicht

---

[1]) Siehe hierzu die Ausführungen bei Tiele babyl.-assyr. Geschichte I. S. 18 ff.
[2]) Sarg. Cyl. 17. Prunkinschr. 23.
[3]) K. J. B. II. 277. Z. 33.
[4]) vgl. Tiele a. a. O. II. 310. Winckler a. t. Untersuchungen 1892. S. 36.

später ausgearbeitet wurden, als zu Grunde liegend annehmen müssen. Es versteht sich von selbst, dass die so schreiblustigen Assyrer auch im Felde ihre Notizen und Aufzeichnungen gemacht haben. So begegnen uns auf den Kriegsbildern auch die Schreiber, welche das Heer begleiteten, um die Zahl der Gefallenen und Gefangenen, den Betrag der Beute und Schatzung notieren und auch wohl den Krieg aus eigener Anschauung erzählen zu können [1]. Für unseren Fall aber lässt sich der Beweis, dass der Schreiber des Taylorcylinders nicht der Verfasser der Erzählung I R. 37, II, 34 ff. ist, leicht führen. Die Form derselben nämlich auf den Kujundschick-Stieren ist der Art, dass weder eine Entnahme von Seiten des Erzählers der Annalen noch umgekehrt des der Stierinschrift sich behaupten lässt. Zwar scheint auf den ersten Blick hin die Stierinschrift dem Taylorcylinder entlehnt und mit Absicht verkürzt zu sein. Die langen Aufzählungen von Namen und Dingen (so I R. 37. II, 38—44) sind gestrichen oder (so Z. 60 statt assatsu, marâni-šu, ahi-šu, zêr bit abi-šu einfach: adi kimtišu d. h. nebst seiner Familie; Z. 65 statt der Namen der Städte nur: mahazâni d. i. Städte) durch einen allgemeinen Sammelausdruck ersetzt (vgl. das Fehlen der einzelnen Kostbarkeiten III. 35—37b). Auch überflüssige und entbehrliche Ausdrücke sind getilgt; so fehlt II, 68 arhiš, Z. 69 und III, 2 rubûti, Z. 72 nakriš, Z. 75 illiku rişušu; dass der König, nachdem er die Machthaber von Ekron getötet, ihre Leichen rings um die Stadt habe an Stangen binden lassen, wird seinem 2ten Teile nach als unwesentlich behandelt und gestrichen. Die Mitteilung der Hinrichtung genügt. Ebenso fällt die Notiz, dass Sanherib alle, die aus den Thoren von Jerusalem herauskamen, in die Stadt zurückgenötigt habe, fort. Das alles erklärte sich leicht, wenn der Platz auf den Stieren zu Abkürzungen nötigte. Und doch ist eine einfache Entnahme aus dem Taylorcylinder nicht wahrscheinlich. Wenn die Stierinschrift gegenüber den Annalen zu berichten weiss, dass Luli von Sidon aus Tyrus heraus nach der Insel Cypern geflüchtet sei, wo diese nur allgemein sagen »kabal tamtim« d. h. mitten ins Meer; wenn sie erzählt, dass Sanherib vor der Stadt Uschu die Abgaben der Fürsten des Westlandes entgegennahm, während die Erwähnung dieser Stadt in

---

[1] Tiele a. a. O. I. S. 21 und 33.

den Annalen fehlt, so führt das doch hier auf eine Kürzung der Annalen gegenüber der Stierinschrift. Desgleichen versteht sich das Fehlen des selbstverständlichen 'ina kakke' III, 2 in den Annalen doch als Verkürzung dieser Erzählung gegenüber der Stierinschrift. Demnach ist eine gemeinsame Quelle anzunehmen, auf welche sowohl Stierinschrift wie Annalenbericht zurückgehen. Also der Zeitraum von 10 Jahren, den man etwa zwischen den Ereignissen selbst und ihrer Mitteilung nach der Unterschrift der Annalen annehmen könnte, kommt damit weiter nicht in Betracht. Wir haben im engsten Sinne einen zeitgenössischen Bericht vor uns. Ist dieser denn nun zuverlässig? Ein Blick auf seinen Inhalt muss es lehren. Der Hergang scheint folgenden Verlauf gehabt zu haben. Bei seinem dritten Feldzuge erscheint Sanherib im Chatti-Land (Syrien). Im Fluge unterwirft er die meisten Städte der phönikischen Küste (unter denen übrigens Tyrus nicht als unterworfen aufgeführt wird). In Uschu nimmt er Tribut und Ergebenheitserklärung der Könige jener phönikischen und zum teil auch (so Asdod) der philistäischen Städte entgegen. Die Könige von Ammon, Moab und Edom huldigen ihm gleichfalls daselbst. Nun rückt er weiter nach Süden; Askalon und die zu ihm gehörigen Städte Beth-Dagon, Joppe, Benebarqa und Azuru werden erobert und ausgeraubt. Dann wendet er sich nordostwärts, um Ekron zu nehmen, welches seinen dem Assyrer treugebliebenen König Padi in Fesseln dem Hizkia von Jerusalem zur Aufbewahrung im Gefängnis überliefert hatte. Die zur Hilfe herbeieilenden Heere der Könige Aegyptens und des Königs von Meluchcha vermögen nicht, dem Assyrer den Weg zu verlegen. Vielmehr gelingt es Sanherib, das syrisch-ägyptisch-meluchchische Heer bei Elteke zu schlagen und sowohl Elteke wie Timnat zu erobern. Damit ist auch das Geschick von Ekron besiegelt. Es vermag sich nicht zu halten. Die Anführer werden getötet, Padi zum König der Verschonten gemacht und zu jährlichem Tribut verpflichtet. Jetzt erst wendet der Assyrer sich gegen Judäa. 46 Städte, grosse und kleine, werden erobert, 200,150 Mann in die Verbannung geführt, ihr Hab und Gut geraubt. Das Land wird dem Padi von Ekron, Mitinti von Asdod, und dem Silbel(?) von Gaza, der demnach auch treu geblieben sein wird, obwohl er nicht unter den in Uschu erscheinenden Fürsten erwähnt wird, als Belohnung zugesprochen. Jerusalem selbst wird beobachtet, alle Einwohner auf die Stadt beschränkt, damit der Hunger eine etwaige Belagerung abkürze. Auf eine solche aber kann es Hizkia nicht ankommen lassen. Seine Verteidigungstruppen, die Urbi(?), versagen, scheint es, in der Stunde der Gefahr. Sanherib lässt 30 Talente Goldes, 800 Talente Silbers, viele Kostbarkeiten, des Hizkias ganzen Hofstaat nach Ninive führen. Dorthin entsendet Hizkia einen Boten, der Tribut und Huldigung überbringt.

Es lässt sich nicht leugnen, dass diese Darstellung ein geschlossenes Bild abgiebt und die Operationen des Sanherib als ebenso gut überlegt wie geschickt ausgeführt nachweist. Es handelt sich demnach nur um einen Aufstand der syrischen Lande und um seine Bewältigung. Sanherib sorgt zuerst dafür, dass die wichtige Küste wieder ganz in seinem Besitz ist; darnach wendet er sich gegen das Hinterland, um auch dies in seinen Gehorsam zurückzuzwingen. Ausserdem aber spart er sich den Hauptfeind bis zuletzt auf, nachdem er ihm alle Hilfe abgeschnitten hat. Dieser Hauptfeind ist Hizkias. Das ist nicht blos daraus zu ersehen, dass die empörten Ekroniter ihren König Padi, der an Assur festhält, gefesselt nach Jerusalem schicken, sondern auch daraus, dass Hizkia sich noch besonders gerüstet und fremde Soldaten in Sold und Lohn genommen hat. Es liegt ja nahe genug, weil die biblische Erzählung hier in assyrischem Kleide erscheint, diesem Abschnitt ein besonderes Gewicht vor anderen beizumessen, welches ihm von sich aus vielleicht nicht gebührte. Darum ist gewiss hier Vorsicht am Platze. Aber wenn nun, wie oben bemerkt, Schrader behauptet, die Bedrohung Jerusalems bedeute nur eine nebensächliche Episode im Verlaufe des ganzen Heerzuges, so glaube ich, dass ganz abgesehen von den biblischen Erzählungen man doch zu dem Urteil wird kommen müssen, der Zug gegen Jerusalem sei Endziel und Schluss des Ganzen. Denn die so ganz besonders starke Bestrafung Hizkias, die Verwüstung von 46 Städten, Abtrennung grosser Gebietsteile, die Aufzählung der sehr grossen Beute, welche uns hier in langer Reihe vorgeführt wird, führen zu dem Schluss, dass Sanherib den Hizkia als besonders gefährlichen Gegner angesehen und bestraft hat. Das Ganze giebt sich als syrische Expedition und man würde, wenn nicht die biblischen Berichte vorlägen gar keine besonderen Zweifel erhoben haben. Diese aber haben zu verschiedenen Einwänden und Behauptungen Anlass gegeben.

Sörensen ¹) glaubt erst das richtige Verständnis von Jesaja 17 14—18 erschlossen zu haben. Der Prophet soll dort aussagen, dass Jahve durch die Aethiopier dem assyrischen Heer ein Ende machen werde, während er doch gerade umgekehrt die äthiopischen Gesandten, die wohl ein Bündnis nachsuchen, mit höflichen Worten entlassen heisst, da Jahve seine Zeit kenne und dann selbst das Gericht abhalten werde. Auf Grund dieses Missverständnisses kommt Sörensen zu der wunderlichen Behauptung, dass es sich bei Altaku um einen Kampf der Assyrer gegen die Phöniker, Philistäer und Judäer handelt, keinesfalls gegen die Aegypter und Aethiopier. Aber es heisst Hyperkritik, die Behauptung des Sanherib, dass er die Söhne der ägyptischen Teilkönige und den Obersten der ägyptischen wie meluchchischen Wagen eigenhändig gefangen genommen habe, als eitel Prahlerei ins Reich der Fabel zu verweisen. Mag selbst Schrader Recht haben, dass der Sieg nur ein Pyrrhussieg gewesen sei — doch ist das Fehlen der Aufzählung einer grösseren Beute nur ein schwacher Beweis dafür —: an einem siegreichen Kampf des Sanherib bei Elteke mit einem syrisch-ägyptisch-meluchchischen Heer zu zweifeln liegt kein Grund vor. Mit Recht hat Winckler behauptet, dass Sanherib noch längere Zeit in Palästina geweilt haben wird ²). Die Bedrängung Jerusalems liegt nicht vor, sondern nach dieser Schlacht. Es widerspräche, darin hat Floigl ³) recht, allen Regeln der Feldherrnkunst, deren doch Sanherib Meister genug war, vor dieser Entscheidung die Kräfte zu zersplittern. Wir haben bei Sanherib im ganzen chronologische Ordnung anzunehmen ⁴). Dagegen spricht nicht, dass Padis Auslieferung schon vor der Bedrohung Jerusalems erwähnt wird, als habe schon vorher etwa eine Abgabe und Demütigung Jerusalems und damit zugleich die Freilassung Padis stattgefunden, als liege demnach die Schlacht von Elteke und damit die Eroberung Ekrons später. Auch das würde noch nicht viel helfen, denn eine plötzliche durch diesen Pyrrhussieg verursachte Umkehr wäre auch dann nicht vorliegend, da der Schlacht doch erst die Einnahme Ekrons und Padis Einsetzung folgte, während nach biblischer Anschauung, der zu liebe Schrader eben die Schlacht bei Eltkeke nach der Bedrohung

---

¹) a. a. O. S. 10f. 16. ²) a. t. Untersuchungen S. 29.
³) die Chronologie der Bibel u. s. w. S. 27 ff.
⁴) Anders Schrader a. a. O. S. 304 ff.

von Jerusalem ansetzt, die Umkehr des Sanherib unmittelbar dem Herannahen des Tirhaka folgte. Aber mit Recht sagt Winckler (a. a. O.), dass hier die chronologische Ordnung durchbrochen ist; ganz nach dem Brauch der assyrischen Inschriften wird, da hier von der Herstellung der alten Ordnung in Ekron die Rede ist, auch die Einsetzung des früheren Königs vorweg erzählt, die erst nach seiner später erfolgten Freilassung statthaben konnte. Der Fehler in der Ausführung Schraders und aller, die ihm folgen [1]), liegt in einem doppelten. Er nimmt einen feindlichen Zusammenstoss, eine kriegerische Auseinandersetzung des Sanherib und Tirhaka an. Aber sowohl Herodot wie die Bibel sagen aus, dass Sanherib kehrt gemacht habe, ohne dass es zu einer kriegerischen Auseinandersetzung mit Tirhaka (II K. 19,9), Sethos (Herodot) gekommen wäre. Schon aus dem Grunde darf man nicht an die Schlacht von Elteke bei diesen Nachrichten denken. Der Grund aber, der Schrader und a. a. zu dieser Ansicht verführt hat, ist das falsche Verständnis des Ausdruckes Meluchcha. Es ist nämlich, wie Winckler [2]) unter dem Beifall von Tiele [3]) schlagend nachgewiesen hat, bei Meluchcha an die Sinaihalbinsel, vielleicht in späterer Zeit auch (Tiele) zugleich an benachbarte Gebiete des Nildeltas zu denken. Damit ist jede Beziehung der Schlacht von Elteke zu dem Herankommen des äthiopischen Königs beseitigt und die auch in sich unwahrscheinliche [4]) Darstellung des Verlaufes bei Schrader beseitigt. Wenn Sanherib bis an die Grenzen Aegyptens vordrang und einem Zusammenstoss mit Tirhaka auswich, so ist das nach dem hier Berichteten erfolgt und hat in der assyrischen Darstellung keine Erwähnung gefunden. —

---

[1]) Vgl Himpel, theol. Quartalschrift 1883. S. 552ff. Himpel behauptet S. 640, die Nachricht vom Vorrücken bis Pelusium sei eine auch von Josephus übernommene ägyptische Erfindung, während Floigl (Cyrus und Herodot Leipz. 1881. S. 169f.) meint, die eigentliche Entscheidung habe eben da stattgefunden, und die jüdischen Scribenten hätten ihrem Gott »lügnerisch« beigemessen, was die Aegypter mit mehr Recht als das Werk des Ptah rühmten.

[2]) Sargon I. 240; Leipzig 1889. Untersuchungen zur altorientalischen Geschichte Lpzg. 1889. S. 99.

[3]) a. a. O. 270 u. 350 und Z. Ass. IV. 424.

[4]) Vgl. Wellhausen-Bleek[4] S. 256. Guthe, das Zukunftsbild des Jesaja Lpzg. 1885. S. 48f.

Wie stellt sich nun Bericht [1] und [2] zu dieser assyrischen Darstellung? Es ist ersichtlich, dass Bericht [1] sich ungezwungen mit derselben vereinigen lässt. Hier wie dort ist von grosser Verheerung jüdischen Gebietes, Eroberung judäischer Festungen geredet. Daran schliesst sich in Taylor die Bedrohung Jerusalems und die Auslieferung der Schätze und des Hausstaates. Von der Einschliessung Jerusalems hören wir zwar nichts in Bericht [1]. Aber vielleicht sind die hochtönenden Worte des Sanherib nicht so genau zu nehmen, sodass es nur zu einer Beobachtung, nicht aber zur Belagerung von Jerusalem kam. Ferner ist es nicht zu vergessen, dass B[1] nicht politische, sondern Tempelgeschichte bietet. Da war die Mitteilung der Eroberung vieler Städte allerdings zur Erklärung der Thatsache, dass Hizkia sich selbst an dem Schmuck des Tempels vergreifen musste, notwendig. Er konnte eine allgemeine Steuer aus ganz Judäa ja gar nicht ausschreiben. Dagegen lag die Erwähnung von einer vorübergehenden Aengstigung der Hauptstadt wie der Fortführung auch des Hofstaates gar nicht im Plan dieser Quelle. Es kann das alles gut stattgehabt haben, ohne dass der Verfasser 18 13b—16 Anlass fühlte, es zu erwähnen. Ein argumentum e silentio ist hier unzulässig. Selbst wenn man an der von Brandis [1]) aufgestellten und von den meisten angenommenen Berechnung, dass 300 jüdische Silbertalente gleich 800 assyrischen sind, Zweifel hegen mag [2]); selbst wenn man annehmen wollte, dass der Assyrer bezüglich der Höhe seiner Beute und der Entführung des Hofstaates übertrieben hat, so kann doch gar kein Zweifel aufkommen, dass es sich hier um dieselbe Sache handelt wie in B.[1]. Es ist nun aber nach obigem nicht angängig, etwa diese Abzahlung früher anzusetzen, darauf dann die Bedrohung der Hauptstadt und das in Bericht [2] Gebotene folgen zu lassen, so dass hier in der Umstellung der Abgabe eine Irreleitung des Lesers durch Sanherib zu erkennen wäre. Dass die frühere Erwähnung der Freilassung des Padi nicht dafür geltend gemacht werden kann, war oben schon bemerkt. Erst nach der Schlacht bei Elteke und dem Fall Ekrons kommt Judäa an die Reihe und die Eroberung einer Reihe fester Städte, die Bedrohung

---

[1]) Münz-, Maass- und Gewichtswesen in Vorderasien. 1866. S. 98.
[2]) Winckler a. t. Untersuchungen S. 33.

Jerusalems, vielleicht auch eine Empörung der Besatzung zwingt den Hizkia zur Unterwerfung. Und wenn der Ausdruck לכישה hier ursprünglich ist, so würde das ja jener oben erwähnten Inschrift entsprechen und keineswegs sich mit dem Taylorcylinder stossen. Denn es ist ja die Weise der assyrischen Könige, alle Expeditionen ihrer Untergebenen als von ihnen direct vollzogen darzustellen. Man ist demnach auch nach dem assyrischen Bericht keineswegs gezwungen, anzunehmen, dass der König den Anschein erwecken wolle, als habe er selbst vor Jerusalem gelagert. Nur in einem scheinen beide sich zu widersprechen. Der assyrische Text erweckt den Anschein, als ob Abgabe und Huldigung direct nach Ninive gesandt worden seien. Nun ist zwar die Thatsache, dass hier nicht ausdrücklich von der Rückkehr nach Ninive geredet wird, nicht so auffällig wie man allgemein annimmt. Dass nach Vollendung eines Feldzuges der König in seine Residenz zurückkehrt, versteht sich von selbst und wird durchaus nicht immer in den Kriegsberichten erwähnt. Aber die Thatsache, dass eine gleich wertvolle Quelle (II K. 18 13b—16) von einer Entrichtung der Abgabe an den vor Lakisch in judäischem Gebiet lagernden König zu reden weiss; dass auch ein assyrisches Relief von einem Hausen des Königes vor Lakisch redet, ist schon auffallend genug. Endlich geht aber auch aus Sanheribs Erzählung selbst klar hervor, dass er Jerusalem, den eigentlichen Sitz des Widerstands, nicht nahm. Er muss durch irgend welche Gründe genötigt worden sein, sich mit dieser Abgabe zufrieden zu geben. Denn wenn er nach seinem Willen handeln konnte, hätte er Hizkia, dem eigentlichen Haupt der syrischen Verschwörung, gewiss kein leichteres Geschick bereitet wie dem in die Gefangenschaft geschleppten Sidkâ von Askalon; er hätte seine Grossen, so weit er sie schuldig fand, gewiss nicht milder behandelt wie die von Ekron, die getötet und an Stangen rings um ihre Stadt aufgehängt wurden. So legt es auch dieser Bericht selbst nahe, etwas wie das in Herodot und B.[2] Erzählte als faktisch anzunehmen. Mögen auch heimische Nachrichten hauptsächlich den Sanherib zurückgerufen haben, die Syrer und die Aegypter, die von diesen Nachrichten schwerlich etwas wussten, erkannten etwas anderes als den Grund: das Heranrücken des Tirhaka. Und das hat sich noch irgendwie in ihren Erzählungen erhalten. Die Uebereinstimmung von B.[2] mit der Angabe des Herodot [1]), dass die Umkehr des Sanherib mit ägyptischen Dingen zusammenhänge, ist doch zu auffallend, als dass man hier vollständig ungeschichtliche Sage annehmen könnte. Die Auskunft eines zweiten ägyptisch-judäischen Feldzuges [2]) oder einer nach 691 anzusetzenden arabisch-ägyptischen Expedition, bei der auch Hizkia schriftlich zur Uebergabe aufgefordert worden sei, ist unannehmbar. Dann würde B.³ [3]) oder auch B.² u. ³ [4]) hierauf zu beziehen sein. Aber diese Versuche sind mislungen. Von solchen Zügen Sanheribs ist weder in seinen eigenen noch in seines Sohnes Berichten etwas zu finden [5]). Die Frage lautet demnach, lässt sich überhaupt Bericht ², und in welcher Art mit Sanheribs Erzählung und mit II K. 18₁₃b—16 in Einklang setzen? Es liegt klar genug vor Augen, dass der Bericht ² als Ganzes neben Bericht ¹ und Sanh.-Taylor keinen Raum hat; denn wenn hier die Aufforderung an Hizkia der Rückkehr des Rabšake zu Sanherib und dessen Umkehr unmittelbar vorangeht, andrerseits aber irgend eine Entscheidung zu gunsten Sanheribs etwa durch eine Niederlage Aegyptens noch nicht erfolgt ist, so entspricht das keineswegs den Thatsachen. Auch schliesst B.² die Tributabgabe des Hizkia vollkommen aus. Hizkia ist ja noch der hartnäckige König, der sich unbegreiflicher Weise noch immer nicht unterwerfen will. Wenn man demnach das in B.² Erzählte auf die aus B.¹ und Sanh. T. bekannten Thatsachen folgen lässt, also annimmt, dass Sanherib nach Erhaltung des Tributs doch noch

---

[1]) Schon diese Uebereinstimmung hätte Hildebrand (Judas Verhältnis zu Assyrien in Jesajas Zeit 1874, S. 65) warnen sollen, nach dem Vorgang von J. D. Michaelis den ganzen Bericht des Herodot für reine Fabel zu erklären.
[2]) Rawlinson, history of the ancient Egypt. London 1887. B. II. 450 nimmt eine doppelte syrisch-ägypt. Expedition an. Eine erfolgte 701. Sanherib schlägt das ägyptische Heer und macht Hizkia tributpflichtig. Darnach geht er nach Ninive. Hizkia hatte inzwischen mit Aegypten verhandelt. Sanherib hielt eine Strafe für nötig. Er kam 689. Sein Weg führt ihn über Judäa nach Aegypten, wo ihn die Pest zur Umkehr nötigte.
[3]) Winckler a. t. Untersuchungen S. 27 ff.
[4]) Vgl. S. Henry Rawlinson und G. Rawlinson: History of Herodot II. ed. Lond. 1862. B. I. 393 und G. Rawlinson, the five great monarchies of the ancient eastern world. 2 ed. B. II. p. 165.
[5]) Vgl. m. Schrift: Jesaja und seine Zeit S. 14 f.

den Rabšake von Lakisch nach Jerusalem schickte, mit der Aufforderung von der Uebergabe der Stadt, dann nach dessen erfolgloser Rückkehr sich gegen Aegypten wandte und von da unverrichteter Sache wieder umkehrte, so muss man hinzusetzen, dass dann B.² in seinen ersten Voraussetzungen, nämlich dass Aegypten noch nicht geschlagen sei, Hizkia bis dahin widerstanden habe, unzutreffend ist. Es wäre dann der Sache eine tendenziös gefärbte Darstellung gegeben, welche nur das Hizkia und Jerusalem Günstige berichtet hätte. Immerhin scheint mir ein vollständiges Verdikt über Bericht ² ¹) durchaus übereilt. Man wird daran festhalten müssen, dass Sanherib an den Grenzen Aegyptens plötzlich umkehrte, ohne seine Absicht Aegypten zu unterwerfen erreicht zu haben. Dieser Zug gegen Aegypten läge hinter der Eroberung von Lakisch. Sanherib hätte diesen Miserfolg geschickt dadurch in seiner Darstellung verdeckt, dass er die Abgabe des Hizkia gleich nach Ninive hinter sich her führen lässt, ohne weiter der ägyptischen Expedition zu erwähnen. Dann käme Bericht ² nicht als Parallele, sondern als Fortsetzung von B.¹ in Betracht, nur dass das in B.¹ und Sanh. Taylor Erzählte (absichtlich?) verloren gegangen wäre. Ich muss aber gestehen, wenn es auch richtig zu sein scheint, was Wellhausen in Bleeks ⁴ Einleitung S. 256 gegen Schrader und a. a. bemerkt: »Man kann mit dem gleichen Rechte Mesas Stele mit II Kön. 3 6ff. (statt mit 3 5) wie Sanheribs mit II Kön. 18 17—19 36 (statt mit 18 13—16) combinieren« so drängt sich doch immer wieder die Vermuthung auf, dass es sich in B.¹ u. ² um dieselbe Sache handelt, die uns auch in Sanh.-Taylor erzählt wird. In B.¹ u. ² residiert Sanherib in Lakisch, hier wie da hat Hizkia sich bisher nicht unterworfen. Der von Sanherib erwähnten Beobachtung Jerusalems entspräche die Notiz (B.²), dass der Rabšake mit grossem Heere erschienen sei. Bei Sanherib wie B.² scheint Hizkia sich auf eine längere Belagerung eingerichtet zu haben. Allerdings ist der Schluss gerade entgegengesetzt, bei B.¹ und Sanh. T. unterwirft sich Hizkia de- und wehmütig. Der Grund, warum nicht volle Uebergabe der Stadt hier wie dort verlangt und berichtet wird, ist nicht genannt. Dagegen in B.² fordert der Rabšake die Capitulation und zieht schliesslich, ohne etwas erreicht zu haben,

¹) So Floigl a. a. O.

augenscheinlich auch ohne irgend wie von seinem חיל כבד
Gebrauch gemacht zu haben, zu Sanherib zurück. Es ist
gewiss, wenn man mit Stade [1]) und Winckler [2]) II K. 18 14—16
zwischen II K. 19 8 u. 9 setzt, so kann das geschichtlich richtig
sein, mit Bericht [2] ist es, wie Stade richtig hervorhebt, unverein-
bar. Wie aber hat sich denn diese Sage von der gänzlichen
Erfolglosigkeit des Ansturms gegen Jerusalem bilden können?
Ich meine, auch das wäre erklärlich. Das plötzliche Umkehren
des Sanherib, der mit einem Tribut Jerusalems sich hatte zufrieden geben müssen, ohne seine volle Bestrafung erlangen zu
können, erschien Aegyptern wie Hebräern als Werk ihres Gottes.
Der Prophet, der etwas derartiges voraussagte, war Jesajas; so
wird ihm diese specielle Prädiction in den Mund gelegt, die also
durch die geschichtlichen Dinge gebildet ward, aber den Gedanken und Aussprüchen des Propheten selbst fern stand. Demnach wäre aus Bericht [2] als geschichtlich zu nehmen 1) die Bedrohung der Stadt; 2) der schnelle Abzug des Sanherib vor dem
Heranrücken des Aethiopen; 3) der Tod Sanheribs durch die
Hand eines oder 2 seiner Söhne; 4) deren Flucht nach Armenien
und des Assarhaddon Thronfolge. Ferner war bekannt, dass
Jesaja seiner Zeit die Bestrafung Assurs ausgesagt hatte, und so
bildete sich die Sage aus, dass Sanheribs Ansinnen an Hizkia
abgewiesen ward (denn das ist selbstverständlich die Meinung
des Berichts), weil dieser auf des Jesaja Weissagung, Jahve werde
den König durch ein plötzliches Gericht zur Umkehr bringen
und ihn in seinem eigenen Lande ermorden lassen, sich verliess.
Jedenfalls ergiebt sich folgendes Resultat: II K. 18 13b—16 und
Sanh. T. sind die Berichte, welche von sagenhaften Elementen
ganz frei sind. Bei Sanh. T. kommt der Versuch einer Schön-
färberei in Frage. Die zweite Stufe bildet II K. 18 17—19 9.
Hier hat schon stark die Sage gewaltet, wie das bei einem Bericht, der so weit von den Ereignissen absteht, nicht anders
zu erwarten ist. Doch kann auch dieser Bericht, wenn er mit
Vorsicht benutzt wird, zur Erkenntnis des geschichtlichen Her-
ganges gute Dienste thun. Anders liegt das bei Bericht [3]. Hier
waltet die Tendenz so stark vor, dass die Geschichte ihr hat
weichen müssen. Ja, die Dinge scheinen zum teil auf den Kopf

---

[1]) a. a. O. S. 141.   [2]) a. a. O. S. 43.

gestellt zu sein. B.³ hat neben B.² und gar neben Bericht¹ und Sanh. T. gar keinen geschichtlichen Wert, wie denn die Pest im Heere des Sanherib auf judäischem Gebiete fortan in der geschichtlichen Darstellung zu streichen ist. Endlich aber hat Hizkia gleich wie vor ihm Ahas (C. VII), im Gegensatz zu den Worten und Gedanken des Jesaja, seine Zuversicht nicht auf seines Gottes Macht und Hilfe gesetzt, vielmehr die klägliche Unterwerfung dem glaubensvollen Ausharren vorgezogen. Wenn demnach Jerusalem nicht in Sanheribs Hand fiel, so war das gewiss göttliche Fügung, nicht aber der Lohn, den etwa Hizkia für seine Treue verdient hatte. Jedenfalls verlief die Rettung anders und durchaus nicht so glänzend, wie Jesaja es erwartet hatte. Hizkia kam eben wie Ahas mit einem »blauen Auge« davon. Dann aber lag es gewiss ganz fern, diese Errettung als einen besonderen Beweis der Allmacht Jahves zu feiern, wie man das vielfach als Zweck von Ps. 46 annimmt. Mit der Geschichtlichkeit von Bericht³ (und des die Errettung Jerusalems betreffenden Abschnittes in Bericht²) fällt die Möglichkeit, Ps. 46 bei dieser Gelegenheit und aus diesem Anlasse entstanden zu denken, vollkommen hin.

Berichtigungen:

S. 5 Z. 11 v. u. lies 'ויאמר' statt 'ויאמר'
S. 8 Z. 4 v. o. lies 'ויקמי' statt 'וימיהי'
S. 11 Z. 12 v. u. lies ': Macrob. Sat. 3 20, 2. 3' statt '. Macrob. Lat. 3 20. 23'.
S. 11 Z. 6 und 5 v. u. lies: ', wie' und streiche die Klammer.
S. 13 Z. 3 v. u. lies 'Thaumaturgen' statt 'Taumaturgen'
S. 16 Z. 19 v. o. lies nakamâtišun statt nankamâtišum
S. 23 Z. 11 v. u. lies 'Schlusses' statt 'Schluss'
S. 26 Z. 6 v. o. lies 'מהר ציון' statt 'מהרציון'
S. 27 Z. 8 v. u. lies 'haben' statt 'habe'
S. 35 Z. 13 v. u. lies 'B. II. C. 39.' statt 'C. III. 33'.
S. 35 Z. 11 v. u. setze hinter ἐπιχωρίους ein '(sc. σέβειν)'
S. 40 Z. 5 v. o. lies 'Leiblichkeit' statt 'Menschlichkeit'
S. 58 Z. 17 v. o. lies 'zumeist' statt 'zunächst'.